U0076747

統計

東大教授親自傳授
文組輕鬆學

監修
倉田博史
東京大學教養學部教授

人人出版

前言

在各式各樣的實務場合都已採用統計學。除了醫療、傳染病學調查領域，在農業試驗、品質管理、市場經濟測量、教育效果鑒定及測試等自然、社會、人文方面，統計學已經是不可或缺的存在。我們能透過GNP或物價指數等具體的數據，來掌握經濟活動的規模大小或物價水準等一般概念；從多項檢查數值來計算某種特定疾病的風險機率之「預測」方法，也是統計的運用之一；而在調查新開發的教學法是否有效時，被稱為「假設檢定」的統計方法也能發揮本質上的作用。

統計學中含有大量具體且實際的要素，另一方面其理論基礎卻是由數學語言組成。因此應該也有不少人雖然有興趣，但卻覺得難以親近吧！不過，統計學使用數學亦有其優點。數學可說是所有學問的「共通語言」，透過運用數學理論能為數據解析的思考方式帶來一般性和通用性。也就是說，不管擁有什麼樣的背景，由於數據解析的理論具共通性，因此任何專業領域皆能加以學習應用。

本書提供學習統計的第一步。讀者能從教授和學生有趣的對話當中，一次掌握統計學的重點。希望本書中的知識，能作為「解讀數據的能力」，在未來對各位有所幫助。

目次

第1節課 在社會中靈活運用的統計

STEP 1

了解民意調查結構

STEP 2
人壽保險的保費由統計決定

第**2**節課 試著利用圖表進行數據分析吧！

STEP 1
一起學習圖表和平均值吧！

STEP 2

自然界中最為一般的圖表：常態分布

第**3**節課 更加仔細掌握數據的特徵

STEP 1

調查差異度，進行數據分析！

STEP 2

來計算考試的偏差值吧！

STEP 3

越有錢壽命越長！？
分析兩項數據的關係！

STEP 2
有統計學意義指的是？

倉田博史 老師

在東京大學
教授統計學的老師

不擅長數學的
高一文組男

在社會中靈活運用的統計

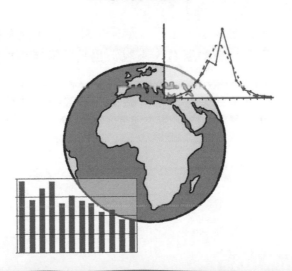

STEP 1
了解民意調查結構

統計到底是什麼呢？在本節課中，將以「民意調查」作為題材，介紹統計在我們生活周遭如何被靈活運用。

統計是什麼？

老師，今天我特別為了跟您學習**統計**（statistics）而來。聽說「統計與我們的生活息息相關」。

學校老師叫我**「至少要先了解統計的基礎」**，但我完全不懂統計啊……。

我根本不擅長數學，真的能夠掌握統計的觀念嗎？

當然可以啊！

統計不只是科學、工學、醫學等方面的重要基礎，對於生活在現代社會的所有人來說，也是非常實用的**重要知識**喔。

好，接下來我來教你統計觀念的基礎吧！就算不用記困難的數學公式，應該也可以掌握統計的觀念喔！

太好了～

接下來就麻煩老師了！
首先我想先請問老師，**統計**到底是什麼呢？

所謂的統計，可以說是為了正確解讀出現在大自然或社會中的事物，以及**解決各式各樣問題的道具**。
統計大致分為兩種功能。
第一個功能是從生活周遭的現象中收集數據，並讓數據的意義一目瞭然。
比方說，考生所熟悉的「**平均值**」（mean）跟「**偏差值**」（deviation value），就是利用統計導出的數值。

偏差值……，當學校剛教到這個的時候，真的讓我非常煩惱啊～

偏差值能簡單地顯示出自己的考試成績在整體中的位置。
在選擇想要報考的高中或大學時，是非常好用的數值呢！

嗯嗯！
那麼，另一個功能是什麼呢？

統計的第二個功能，就是從部分數據來預測事物的整體情況或未知的結果。舉例來說，在**民意調查**（public opinion poll）中，就能從部分民眾的意見預測到全體國民的意見。另外像選舉時**公布確定當選**（sure to be elected），也是運用統計所推算出來的喔！

原來如此！
以前曾看過有人一開票就知道確定當選，我一直覺得很不可思議呢！

關於候選人確定當選的主題，我會在第4堂課時詳細解說的！

好的，那就期待老師的解說了。

總之，**只要靈活運用統計，就能從大量的數據中掌握事物的傾向或特徵，也能推測出整個社會的情報。**
此外，也有很多企業利用統計來瞭解哪種設計或廣告標語具有效果。統計可說是「有助決策的工具」呢！

有助決策的工具！
這正是我夢寐以求的啊！

那麼第1節課首先來介紹**民意調查**和**人壽保險**吧！這是生活中會用到統計的重要項目。
第2節課再來看看**數據的解讀方法**！

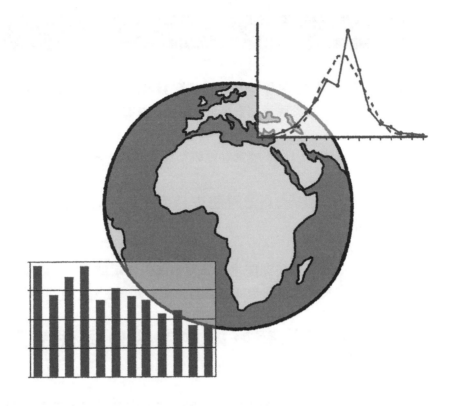

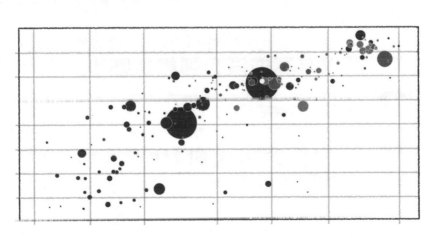

首先以**民意調查**來說明！這是我們生活中運用統計的常見例子。關於民意調查，第 4 節課還會有更詳細的介紹喔！

 民意調查啊……，經常在電視新聞或報紙上看到呢！

 是的，特別是報紙上**內閣支持率**的民意調查結果應該十分常見。

 對啊！昨天電視新聞才剛公開內閣支持率耶！可是我從來都沒有被電視台或報社訪問過。到底要怎麼做才會得到「內閣支持率70%」這樣的數據？
他們真的有好好地問每位國民的意見嗎？！

 如果想知道真正的內閣支持率，的確需要調查每位國民的意見。

但要調查全日本超過1億人口的意見，太沒效率又太辛苦，
所以其實並沒有那樣做喔！

 誒!? 沒有嗎？

 其實**只要選出大約1000人**來進行調查，就可以推測全體國民的意見。

全體國民
100,000,000 人

受訪者
1,000 人

難怪！

我就想說怎麼都沒有來問我！不過，真的可以從那麼少的回答去推測全體國民的意見嗎……？

可以的。只要運用統計，就能夠從全體國民當中選出1000位受訪者的意見，推測出全體國民的內閣支持率。大概像這樣：真正的內閣支持率，有95％的可能性會在70％±3％的範圍。

當然，回答的人數越多，就能獲得越精準的預測。

報社和電視台所進行的調查，應該有同時說明調查人數及調查方法喔！

為什麼只問1000人就能知道1億人的意見呢？

這其實跟**用1湯匙品嘗整鍋湯的味道是同樣的道理。** 如果湯攪拌均勻的話，1湯匙的味道和整鍋湯的味道應該是一樣的。

嗯嗯。

同樣地，如果可以選出像男女比例或年齡比例等**和全體國民所有條件的比例皆相同的受訪者族群**，就能從受訪者族群的意見去推測全體國民的意見。

原來如此。只要任意選出1000人來詢問的話，就能推測出1億人的意見是嗎？**沒想到這麼簡單呢！**

不對，**不能**任意挑選1000人。
一定要選出像是性別、年齡、年收入等所有條件、結構都和全體國民相同的受訪者族群，所以並沒有那麼簡單喔！
這可是民意調查中**非常重要的環節**！

和全體國民所有條件皆相同的結構啊……，如果只有性別倒也還好，所有條件都一定要和全體國民結構一樣也太難了吧！
這真的能做得到嗎？

是阿，要同時考慮那些條件且一個個挑選的話，真是非常麻煩的事情，這樣根本沒辦法挑出受訪者吧！

是啊！那民意調查到底是怎樣選出受訪者族群的呢？

其實有一種可以不用刻意考慮性別或年齡等各個條件，就**能選出受訪者族群的方法**！

原來是有方法的啊！

就是從全體國民中**隨機**選出受訪者！透過隨機挑選，就可以預期選出更加接近全體國民結構的受訪者族群。

隨機……，不就是**任意選**嗎!?
是對走在街頭的路人一一詢問意見嗎？就像電視常常看到的街頭訪問那樣。

不不不，所謂的隨機挑選**其實非常困難喔！**
比如說電視台的街頭訪問，並不算是隨機挑選受訪者。**因為隨著不同時段，街頭的人群構成也不一樣，所以有可能變成偏向某個年齡層。**

23

因此,街頭訪問不能算是隨機挑選受訪者族群,這樣的受訪者的意見並不能反映出全體國民的意見。**街頭訪問和民意調查應該要區分開來。**

 嗯⋯⋯,
那要怎麼做才能隨機選出受訪者呢?

 有幾種方法。
例如對全體國民編制號碼,以0～9組成每一個位數,然後用10面骰子來決定號碼。如此一來,就能隨機選出受訪者了。

1. 對全體國民編制號碼

| 00000000 | 34728810 34728811 | 99999998 999999999 |

2. 投擲10面骰子決定號碼，選出受訪者

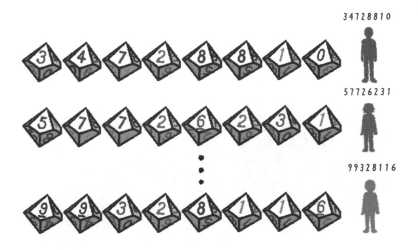

34728810

57726231

99328116

居然用骰子！

不過，報社和電視台也不一定知道全體國民的資料，這感覺起來也很困難啊……。

是的。正因如此，報社等民間企業常會利用**電話號碼**來挑選。

電腦將數字隨機組合成電話號碼後撥打出去。

如果接通的是一般家庭的電話號碼，就成為民意調查的對象。這個方法稱之為**隨機撥號**（random digit dialing，RDD）法。

RDD法

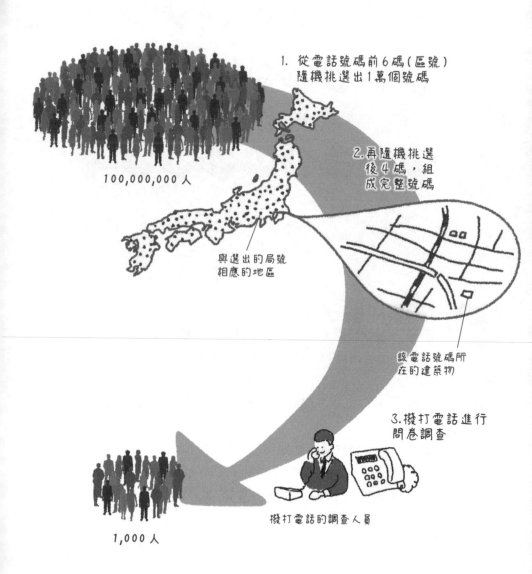

100,000,000人

1. 從電話號碼前6碼（區號）
   隨機挑選出1萬個號碼

2. 再隨機挑選
   後4碼，組
   成完整號碼

與選出的局號
相應的地區

該電話號碼所
在的建築物

3. 撥打電話進行
   問卷調查

撥打電話的調查人員

1,000人

原來如此。隨機調查有這幾種方法啊！

關於調查方法，稍後會再更詳細地介紹。總之，在民意調查當中，必須盡量嚴格遵守「**隨機挑選對象詢問意見**」這個條件。

完全預測錯誤下任總統的雜誌出版社

如果不遵守「隨機挑選對象詢問意見」這個條件的話，會有什麼樣的結果呢？

我知道有個**有趣軼事**可以說明其重要性。
在1936年，美國雜誌《文學文摘》（*Literary Digest*）為了預測下任總統，進行了大規模的問卷調查。他們將明信片寄給雜誌訂戶，以及擁有電話或汽車的民眾等共1000萬人，詢問大家會把選票投給共和黨候選人蘭登（Alfred Landon，1887-1987）還是民主黨候選人羅斯福（Franklin D. Roosevelt，1882-1945）。

把明信片寄給1000萬人 !!

是的。 然後雜誌社根據237萬人的回答，最後預測了「**蘭登會勝選**」。

喔！ 那最後選舉的結果如何呢？

總統大選的結果，竟然是**民主黨的羅斯福獲得勝利。**
受訪者的意見和全體國民產生了分歧。

什麼？居然偏差這麼大！？
不是把明信片寄給1000萬人了嗎？

因為問卷對象的「擁有電話或汽車的民眾」，在當時多為富
裕族群。由於雜誌社沒有隨機挑選，疏忽了支持羅斯福的
平民聲音。再加上問卷對象1000萬人中回答的民眾才
237萬人，人數過少也可能造成結果的偏倚。

明明是一場超大規模的調查，居然得到錯誤的結果……。

那這樣調查根本沒有意義啊！

如果沒有隨機選出，就會像這樣發生受訪者意見和全體意
見不一致的情況。你這樣能了解隨機挑選有多重要了嗎？

我完全理解了。
那麼，假設用電話來進行民意調查時，是隨機挑選受訪者
的嗎？

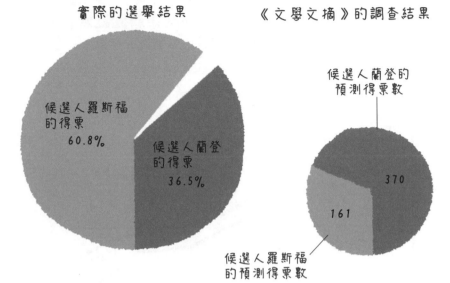

實際的選舉結果

候選人羅斯福
的得票
60.8%

候選人蘭登
的得票
36.5%

《文學文摘》的調查結果

候選人蘭登的
預測得票數

370

161

候選人羅斯福
的預測得票數

全體國民

偏倚的受訪者

現代的日本社會，電話已經相當普及，因此可以透過使用電話進行隨機挑選。只是，這樣仍會產生意見的偏倚。

以下的圖表，是**每日新聞社**和**產經新聞社**為了得知政府的支持率，利用相同方法進行民意調查的結果。

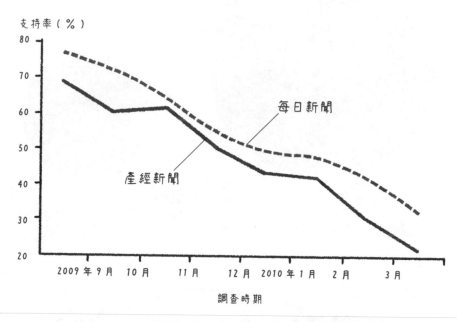

本圖表依據《入門實踐統計學》（藪有良著，東洋經濟新報社）所製成

不管是哪一邊的調查，支持率都是持續下降呢！

是的。關於大致上的趨勢，不論哪家報社結果都是相同的。然而，兩家報社的調查結果之間仍**相差了幾個百分比**，產經新聞社的調查結果總是略低。

的確是這樣。

這被認為是由於報社不同，造成回應調查的民眾結構改變，結果也因此產生了差異。

不是已經隨機撥號了嗎？
只做這樣是不夠的啊……！？

想要縮小像這樣的差異，隨機挑選的受訪者中有越多人回答是非常重要的。
在「被選為調查對象的人」當中，「協助調查進行有效回答的人」所佔的比例，稱之為**有效回應率（valid response rate）**。
有效回應率越高，拒絕調查的人越少，受訪者偏向特定族群的危險性也較低。

不只是隨機挑選，**有效回應率高也是很重要的呢！**

沒錯。如果有效回應率特別低，即使隨機選出受訪者，也無法獲得有效的調查結果。
一般來說，**有效回應率高於60%是最理想的。**然而，由於近年來人們對於隱私權的意識高漲，因此民意調查的有效回應率整體呈現下降趨勢。

解讀民意調查時須注意調查方式

如同到目前為止的說明，**民意調查的調查方法非常重要。**
同一時期實施的民意調查結果，依報社或電視台而有所差異，調查方法不同被認為是其中因素之一。

除了撥打電話的方法之外，還有哪些調查方法呢？

比如說，具代表性的調查方法有**面談訪問法**。
這是由調查人員直接拜訪詢問並聽取回答的方法。

調查人員到家訪問對吧！還是需要隨機挑選受訪者吧？這樣要怎麼選呢？

全從全國居民的名冊「住民基本台帳」（相當於台灣的**戶籍謄本**）中，利用**亂數表**（random number table）隨機選出受訪者。
只是在2006年以後，住民基本台帳原則上不公開，因此後來才漸漸採用隨機選出調查對象區域地圖上的點進行訪問的方法。

「亂數表」是什麼？

亂數表是將0到9的數字排列成無規則且出現機率相同的圖表。為了讓讀者容易閱讀，本表以2個數字為1組，20組為1列的形式組成。

93	90	60	02	17	25	89	42	27	41	64	45	08	02	70	42	49	41	55	98
34	19	39	65	54	32	14	02	06	84	43	65	97	97	65	05	40	55	65	06
27	88	28	07	16	05	18	96	81	69	53	34	79	84	83	44	07	12	00	38
95	16	61	89	77	47	14	14	40	87	12	40	15	18	54	89	72	88	59	67
50	45	95	10	48	25	29	74	63	48	44	06	18	67	19	90	52	44	05	85
11	72	79	70	41	08	85	77	03	32	46	28	83	22	48	61	93	19	98	60
19	31	85	29	48	89	59	53	99	46	72	29	49	06	58	65	69	06	87	9
14	58	90	27	73	67	17	08	43	78	71	32	21	97	02	25	27	22	81	74
28	04	62	77	82	73	00	73	83	17	27	79	37	13	76	29	90	70	36	47
37	43	04	36	86	72	63	43	21	06	10	35	13	61	01	98	23	67	45	21
74	47	22	71	36	15	67	41	77	67	40	00	67	24	00	08	98	27	98	56
48	85	81	89	45	27	98	41	77	78	24	26	98	03	14	25	73	84	48	28
55	81	09	70	17	78	18	54	62	06	50	64	90	30	15	78	60	63	54	56
22	18	73	19	32	54	05	18	36	45	87	23	42	43	91	63	50	95	69	09
78	29	64	22	97	95	94	54	64	28	34	34	88	98	14	21	38	45	37	87
97	51	38	62	95	83	45	12	72	28	70	23	67	04	28	55	20	20	96	57
42	91	81	16	52	44	71	99	68	55	16	32	83	27	03	44	93	81	69	58
07	84	27	76	18	24	95	78	67	33	45	68	38	56	64	51	10	79	15	46
60	31	55	42	68	53	27	82	67	68	73	09	98	45	72	02	87	79	32	84
47	10	36	20	10	48	09	72	35	94	12	94	78	29	14	80	77	27	05	67
73	63	78	70	96	12	40	36	80	49	23	29	26	69	01	13	39	71	33	17
70	65	19	86	11	30	16	23	21	55	04	72	30	01	22	53	24	13	40	63
86	37	79	75	97	29	19	00	30	01	22	89	11	84	55	08	40	91	26	61
28	00	93	29	59	54	71	77	75	24	10	65	69	15	66	90	47	90	48	80
40	74	69	14	01	78	36	13	06	30	79	04	03	28	87	59	85	93	25	73

引用《亂數產生及隨機化的順序》（日本工業規格JIS）
附錄A的第250行起的部分亂數表

不管哪個都很麻煩啊……。

 是啊！除此之外，其他還有郵寄調查問卷，請受訪者回答後再寄回的**郵寄調查法**喔！

到底哪個方法最好呢？

每一個民意調查的方法**都各有利弊**，沒有辦法一概而論。

誒！？ 是嗎？？

是的。比如說，訪問面談法雖然有效回應率高，但相對地因為調查人員是面對面訪問，所以也有**難以誠實回答**的情況。

啊～的確！即使和真心話不同，也有可能說出「**好聽的答案**」。

是吧！
然後電訪雖然成本低且不花時間，但有效回應率相對來說也比較**低**。
此外，郵寄調查法雖然成本低，但非常花**時間**。而且因為是由受訪者親自填寫問券，所以也有**容易受到他人意見影響**的缺點。

民意調查的方法

面談訪問法
有可能難以誠實回答，
有效回應率相對較高。

電訪法
成本低，不費時，有效
回應率相對較低。

郵寄調查法
成本低但費時，容易受到
他人意見影響，有效回應
率相對較低。

購物網站的評價，也可能跟一般民眾的意見有所分歧

 真的很難找到**滿分100分**的方法啊！
對了，好像也有在網路回答問題的調查方法，那個又是什麼啊？

 在網路調查中，由於積極協助調查的民眾會成為受訪的對象，因此受訪者很有可能偏向特定的族群。
這種情況也能套用在網路購物的評價上。那並不是從所有購買者中隨機選出受訪者回答，因此無法斷言那些評價反映了所有購買者的意見。

 這麼說的話，雖然我平常使用網購不太會留下評價，但是之前收到了瑕疵品，所以便在網站上留下了**一顆星**的評價！

對阿，如果大家都像那樣只留下**極端的意見**，那些評價就無法說是反映所有購買者的意見了。

原來如此。也就是說購物網站的評價有可能和全體購買者的意見不同是吧！

沒錯。總之，**網路調查**或是**街頭訪問**並不是隨機挑選受訪者，這些雖然算是民意調查的一種，但在判讀結果的時候必須小心。

好，以後我會一邊注意調查方法，一邊觀察新聞或報紙的民意調查。

應和民意調查做出
區別的項目

街頭訪問　　　　　　　　網路調查

引導出真實答案的「隨機化問答」

 對了，剛才我有提到直接面談訪問法時，不容易問出誠實的答案對吧！

 是的，我覺得有很多問題直接面對面被詢問的時候**很難回答**。

 是吧！比如說，假設現在要調查「在10～19歲※曾喝過酒的比例」。

 但這是違法行為，大家不是都會回答「沒有」嗎？
我覺得這很難獲得真實的答案。

 沒錯，直接詢問本人的話，曾經未成年飲酒的人一定不會誠實回答吧！即使隨機挑選受訪者，應該也沒辦法得到正確的結果。但在這種情況下，有一個有用的方法！
那就是**隨機化問答**（randomized response）。

 隨機化問答？

 是的。利用隨機化問答，**就可以在不知道誰曾未成年飲酒的情況下調查比例，因此也較能引導出真實的答案**。

※註：日本政府修正民法，2022年起將成年年齡從20歲調降至18歲，但未滿20歲仍不得飲酒。臺灣則是規定未滿18歲不得飲酒。

喔喔～！ 具體來說要怎麼做呢？

 首先在提問者看不見的情況下,讓回答者丟擲硬幣。然後提問者再告知以下規則:「硬幣是正面的人,請回答『**有**』。反面的人請針對『**曾經在未成年時喝過酒嗎?**』這個問題,回答『**有**』或『**沒有**』。」

如果直接詢問「曾經在未成年時喝過酒嗎?」……

可是這樣的話，不就沒辦法知道他們到底是因為丟到正面，還是因為真的曾未成年飲酒才回答「有」了啊！

 沒錯，提問者無法區別兩者差異。**但即便如此也沒有關係。**

透過這種做法，能期待曾未成年飲酒的人，更容易誠實地回答「有」。

> 如果是「請丟擲硬幣。硬幣是正面的人請回答『有』。此外，硬幣是反面的人，曾經在未成年時喝過酒的話，也請回答『有』」……

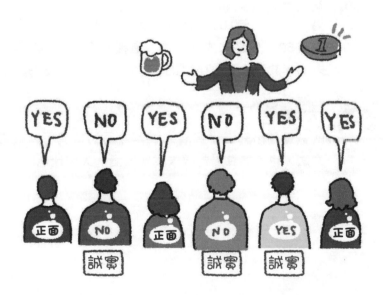

嗯～但這樣一來就不知道真正曾經未成年飲酒的人數，做這個調查不就沒有意義了嗎？

不，用這個方法**可以知道人數**喔！
比如說，假設300位受訪者中，有200人回答「有」。因為**硬幣出現正面的機率是2分之1**，因此300位受訪者中，應該會有150人是因為出現正面而回答「有」。

啊！

呵呵，所以只要從回答有的200人當中，扣掉150人，就能知道針對曾未成年飲酒的問題回答「有」的人數。

居然有50個人曾經未成年飲酒嗎？

你說的沒錯。
另一方面，有100人回答「沒有」，所以結果就是150人當中有50人曾經未成年飲酒。這樣一來，我們就能知道曾經未成年飲酒的人數比例是 $\frac{50}{150} \times 100$，**大約是33%**。

太厲害了！
就算是在不知道誰曾經未成年飲酒的情況下，只要用這個方法，也能計算出曾經未成年飲酒的人數比例呢！

STEP 2

人壽保險的保費由統計決定

從本節開始，來看看和我們日常生活密不可分的「保險」與統計的關係吧！現代的保險是由龐大的數據和統計學所支撐形成的。

1年當中約有0.1%的40歲男性死亡

接著，一起來看看統計學能大顯身手的生活題材 ——「保險」吧！

說到保險，就是指像人壽保險、火災保險、汽車保險之類的吧？統計在這裡能大顯身手……？

統計對於現代保險是不可或缺的要素！

只要使用統計，便能預測1年當中的死亡人數及事故件數等項目。保險公司為了避免虧損，就是參考這些龐大的數據來決定保險費用的喔！

真的嗎!? 統計真的好厲害啊！

保險在統計學誕生之前就已經存在了。如果罹患重大疾病，或是遭逢事故，一定需要大筆花費。此外，如果在青壯年時期過世的話，被留下的家人也會過得相當辛苦。

因為有這樣的考量，所以世界各地有一些人便制定協議一起出錢儲蓄。當有人發生不幸或生病、受傷時，便支付其一筆數目可觀的金錢。

原來是互助合作的精神！

 但是，這個機制有個**問題**。協議的成員中如果有年輕人和老年人時，照理來說老年人比年輕人更容易生病、死亡。然而，卻要所有成員繳交相同金額，就會很**不公平**。

的確，對年輕人來說有點**吃虧**呢！
應該要按照領取費用的可能性高低來設定，可能性較低的年輕人繳的**金額少**，可能性較高的老年人繳的**金額多**，不是這樣才公平嗎？

沒錯，你說得對。

但沒有人知道要支付多少金額對所有年齡層的人才算公平。
當時並沒有一個能讓所有人認同的計算方法。

嗯……這真的很難呢！

那現在的保險是如何從那種情況誕生的呢？

於是，統計便登場了！

在17世紀有了和現代保險相關的重大發現。
首先在1662年，英國商人**葛蘭特**（John Graunt，1620～1674）將倫敦的死亡人數整理後公開。
之後，留名於哈雷彗星的英國天文學家**哈雷**（1656～1742）在1693年利用德國某一地區的死亡紀錄，製作並公開各個年齡的死亡率一覽表。
這份死亡率一覽表稱為**生命表**（life table），成為後世計算保險費用的基礎。

哈雷
（1656 ～ 1742）

哈雷彗星和保險有關！

透過哈雷的生命表，我們可以推測隨著年齡增長，死亡人數會增加多少。也因此**終於能夠按照生命表來算出保險費用**。對保險公司來說，生命表是不可或缺的存在哦！

原來如此⋯⋯。
那具體來說，隨著年齡增加，死亡人數會如何增加呢？

你可以看看下一頁的圖表。這份圖表是以生命表為基礎，將**現代日本男性死亡率**以圖表呈現出來的結果。

喔喔！看圖表就很清楚了呢！
對了，**說到底死亡率（mortality）是什麼意思啊？**

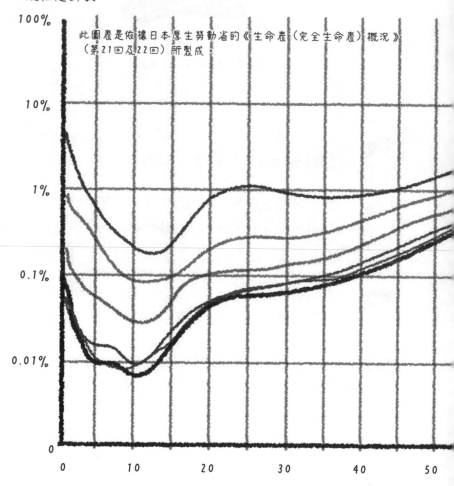

10萬名日本男性的死亡率圖表

死亡率（％）
※縱軸是對數

100%

此圖表是依據日本厚生勞動省的《生命表（完全生命表）概況》
（第21回及22回）所製成。

10%

1%

0.1%

0.01%

0

0   10   20   30   40   50

死亡率是指在某一個年齡集團中，在特定年份所死亡的人數比例，將死亡人數除以生存人數就能求得。比如說，2015年的30歲人口死亡率為0.058%。這是將30～31歲之間死亡的人數除以在30歲時仍存活的生存人數，所得到的數字。

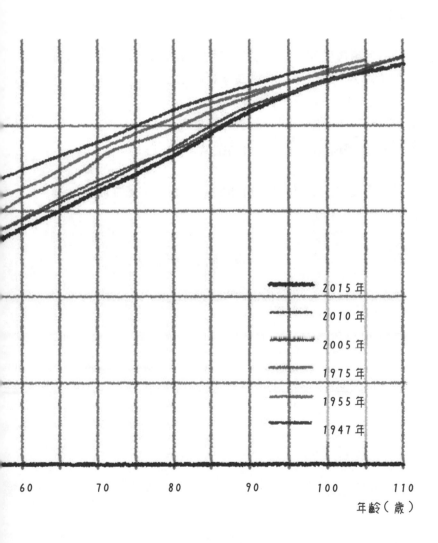

2015 年

2010 年

2005 年

1975 年

1955 年

1947 年

60　　　　70　　　　80　　　　90　　　　100　　　　110

年齡（歲）

嗯……1%表示100人中有1人……。
那麼0.058%是不是就表示大約10萬人中有**58人**死亡呢？

 你說的沒錯。而2015年的40歲人口死亡率是0.105%，這就表示大約10萬人中有**105人**死亡。

 # 年齡越大，死亡率也會跟著逐漸增加呢！

 沒錯！看圖表可知，剛出生時的死亡率略高，到7～10歲前持續降低，之後隨著年齡增長又再度往上升。

 隨著調查的年齡層不同，圖表也有些差異耶！
整體看來感覺每年逐漸在下降？

 對，代表這60年來幾乎所有年齡層的死亡率都在降低，有越來越多人活得更久。

 原來如此，也就是說整體慢慢變成**長壽社會**了呢！

保險公司所參加的**公益社團法人日本精算師學會**（IAJ）以及**日本厚生勞動省**都會調查死亡人數來製作生命表喔！

在本書中介紹的是，由日本厚生勞動省以人口普查（population census）為基礎製成的**完全生命表**（complete life table）數據。

另一方面，保險公司則是利用日本精算師學會製成的**標準生命表**（standard life table）來計算保險費用。這是從壽險投保人的死亡統計所製成的。在STEP2中，讓我們以此標準生命表的數據為基礎，一起試著思考保險費用吧！

我現在知道各年齡層的死亡率數據是什麼了。**那是如何用這個數據來決定保險費用呢？**

接下來就讓我來告訴你如何從死亡率的數據來決定保險費用吧！

所謂的生命保險，原本是保險公司向投保人收取設定的保費，投保人死亡時，再支付受益人保險金的一種制度。

保險公司收取的保險費用總額，和支付受益人的保險金總額之間的差額，就成為保險公司獲取的利益。 保險費用太貴的話沒有人要保，相反地，太便宜則會造成公司虧損。

原來是這樣。也就是說，保險公司從投保者收取的保險費用，至少必須多於保險公司支付的保險金總額是吧！

對的，完全正確。

要確保利益並製作**具有魅力的保險商品**，必須預測保險公司所要支付的保險金總額。然後還得必須從投保者身上收取比保險金總額更多的保險費用。

在這種情況下，保險公司就會以死亡率的數據為根據，預測所要支付的保險金總額。

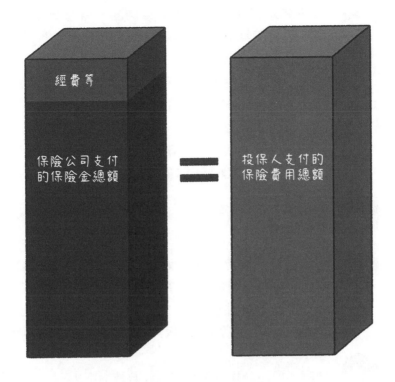

 那要怎麼做，才能從死亡率的數據計算出保險公司所要支付的保險金總額呢？

 那麼接下來針對1年期的壽險，讓我們來具體思考保險公司支付的**保險金**和投保人支付的**保險費用**吧！

 麻煩老師了！

保險有幾個種類。其中最單純的，就是定期支付保險費用，等保障期間結束，契約也跟著終止的 **「定期」** 保險（term insurance）。

除此之外，也有保險能將投保人的部分保費儲蓄下來，或是會定期返還一部分金額的商品。

為了讓大家更容易了解，先來思考看看比較單純的定期壽險吧！假設投保人在 **1 年** 的保險合約期間內死亡時，保險公司需支付 **1000萬日圓**。而各年齡皆有 **10萬人** 投保。

好的。

日本精算師學會以各家保險公司所提供的過去統計數據為基礎，匯集公開 **各年齡層 1 年期間的死亡率**。

假設 **20歲男性** 在 1 年內死亡的機率為 **0.059%**，**40歲男性** 為 **0.118%**；60歲男性則為 **0.653%** 的情況。

嗯嗯。保險公司就是利用這些數據對吧！

從各年齡來看日本男性1年間的死亡率（2018年）

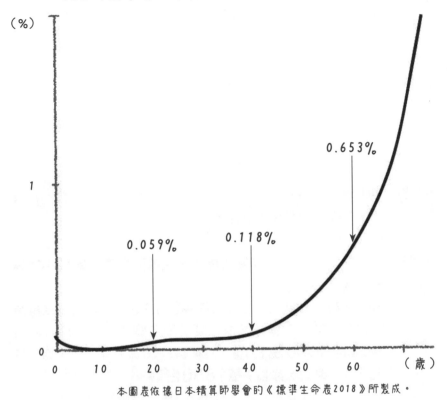

本圖表依據日本精算師學會的《標準生命表2018》所製成。

沒錯。只要利用這個數據，就能預測保險公司所需支付的保險金總額。比如說20歲男性的話，由於1年的死亡率為0.059%，便能預測**10萬人中有59人死亡**。那麼，保險公司所需支付的保險金總額為多少呢？

嗯……，總共有59人死亡，須支付給每一個人各1000萬日圓……，所以單純就是**59人×1000萬日圓＝5億9000萬日圓**對嗎？

答對了。扣除利息或保險公司經費等費用後，這5億9000萬日圓將由10萬名投保人負擔。因此，每一位投保人所應支付的保險費用為**5億9000萬日圓÷10萬人＝5900日圓**。

我懂了～！原來就是像這樣先預測死亡人數，再以此為依據來決定保險費用的啊！

你說的沒錯。**死亡率會隨著年齡增加而提高，因此年齡越大保險費用也會越貴。**

舉例來說，40歲的1年死亡率為**0.118%**，以此為依據進行相同的計算，就能預測保險公司所需支付的保險金總額為**11億8000萬日圓**。然後再以10萬人去分攤，每1個人所需負擔的金額為**1萬1800日圓**。

接著60歲的1年死亡率為**0.653%**，保險公司支付的保險金總額是**65億3000萬日圓**，那麼每1人的負擔金額則為**6萬5300日圓**。

喔喔！60歲的保險費用變得相當貴呢！

對，就如同我剛說的，隨著死亡率上升，保險費用也會跟著上漲。此外，在實際情況中，保險公司的經費等費用也是必要項目，因此保險費用還會再更貴一點。

人壽保險費用的架構

支付給60歲投保人
的保險金總額
10萬人×0.00653
×1000萬日圓
= 65億3000萬日圓

支付給20歲投保人
的保險金總額
10萬人×0.00059
×1000萬日圓
= 5億9000萬日圓

支付給40歲投保人
的保險金總額
10萬人×0.00118
×1000萬日圓
= 11億8000萬日圓

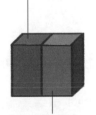

20歲全體投保人
的保險費用總額
5億9000萬日圓
（由10萬人分攤，每1人
的負擔金額為5900日圓）

40歲全體投保人
的保險費用總額
11億8000萬日圓
（由10萬人分攤，每1人的
負擔金額為1萬1800日圓）

60歲全體投保人
的保險費用總額
65億3000萬日圓
（由10萬人分攤，每1人的
負擔金額為6萬5300日圓）

我們剛思考的是保障1年的保險。但合約期間這麼短的人壽保險其實不太常見。因此，接著我們來思考看看**保障10年的保險費用**吧！

 的確，我好像也沒聽過什麼1年的人壽保險。

 要思考保障10年的保險費用，其實有點麻煩。
會這樣說是因為**投保人在這10年中，年齡會逐漸增加，死亡率當然也會跟著慢慢提高。**因此，保險公司所需支付的保險金金額也就每年跟著增加。此外，**部分的投保人將會死亡，所以在第2年以後支付保險費用的投保人人數也會逐漸減少。**

 # 天哪！感覺很難算耶⋯⋯

 不用擔心，我們一起來思考看看「**10年期**」的定期保險吧！針對10萬名30歲的日本男性，「在10年內死亡」時保障1000萬日圓。另外，在實際保險費用中所包含的保險公司經費等「附加保險費用」暫且忽略不計。

這個人壽保險是指投保人如果在10年內死亡的話，保險公司就要支付**1000萬**日圓對嗎？

 對的。首先先來思考一下保險公司第1年總共要支付多少保險金。

30歲男性1年內的死亡率約為**0.068%**。因此我們能預測在10萬人當中1年內的死亡人數為**10萬人×0.068%＝68人**。

 這樣一來保險公司第1年所要支付的保險金總額為**68人×1000萬日圓**，也就是**6億8000萬日圓**吧！

 喔喔！ 很好很好，就是那樣沒錯。

接著思考第2年的保險金總額。第2年以後，投保人的死亡率會稍微上升，此外也會因為有人死亡，投保人數便跟著減少。

第2年的總投保人數，要從10萬人中扣掉第1年死亡的68人，所以是**9萬9932人**。31歲男性的死亡率是0.069%，因此第2年的死亡人數為**9萬9932人×0.069%≒69人**。

也就是說，保險公司第2年要支付的保險金總額為**69人 ×1000萬日圓＝6億9000萬日圓**對吧！

 對，沒錯！

 的確比第1年支付的保險金總額更多了。

 同樣地，在計算第3年時，投保人數就是從9萬9932人扣掉第2年死亡的69人，所以是9萬9863人。
32歲男性的死亡率為0.070%，因此第3年的死亡人數為**9 萬9863人×0.070%≒70人**。
因此，第3年支付的保險金總額為**70×1000萬日圓 ＝7億日圓**。

 保險公司1年所要支付的保險金總額又漲了！

 是的，沒有錯！隨著死亡率上升，保險公司支付的保險金總額會每年跟著上漲。第4年～第10年的保險金計算後如右圖所示。圖左方的金額，是保險公司每年支付的保險金總額。
10年的金額總計為，6億8000萬日圓＋6億9000萬日圓 ＋……＋10億8000萬日圓＝**80億9000萬日圓**。

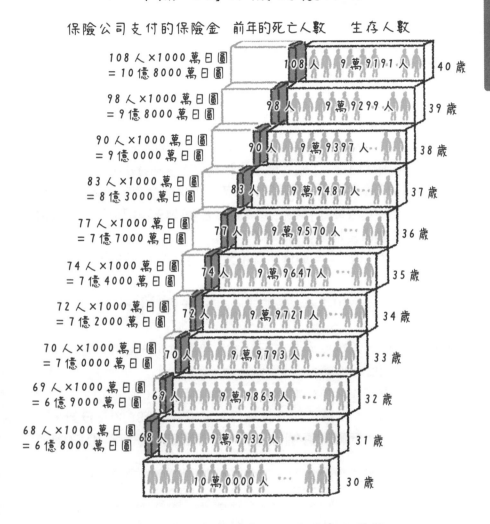

10年期人壽保險的製作方法

保險公司支付的保險金　前年的死亡人數　　生存人數

108人×1000萬日圓
= 10億8000萬日圓　　108人　9萬9191人　40歲

98人×1000萬日圓
= 9億8000萬日圓　　98人　9萬9299人　39歲

90人×1000萬日圓
= 9億0000萬日圓　　90人　9萬9397人　38歲

83人×1000萬日圓
= 8億3000萬日圓　　83人　9萬9487人　37歲

77人×1000萬日圓
= 7億7000萬日圓　　77人　9萬9570人　36歲

74人×1000萬日圓
= 7億4000萬日圓　　74人　9萬9647人　35歲

72人×1000萬日圓
= 7億2000萬日圓　　72人　9萬9721人　34歲

70人×1000萬日圓
= 7億0000萬日圓　　70人　9萬9793人　33歲

69人×1000萬日圓
= 6億9000萬日圓　　69人　9萬9863人　32歲

68人×1000萬日圓
= 6億8000萬日圓　　68人　9萬9932人　31歲

10萬0000人　30歲

▷保險公司10年期間需支付的保險金總額
　809人 × 1000萬日圓= 80億9000萬日圓

▷所有投保人10年期間需支付的保險費用總額
　99萬6709人 ×（1個人每年需支付的保險費用）

▷10年期保險的投保人每1年需支付的保險費用
　80億9000萬日圓÷99萬6709人=約81117日圓

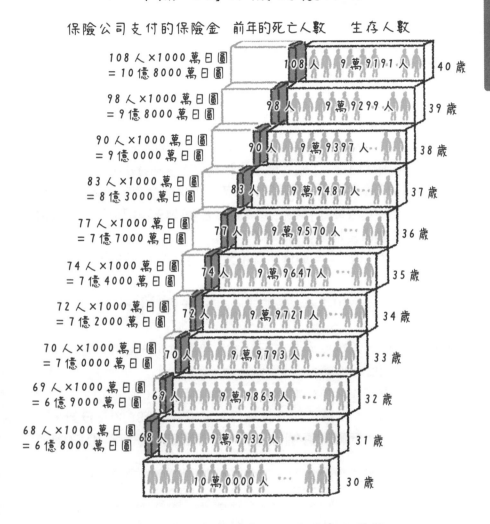

這個金額只要和所有投保人在10年期間支付的保險費用相同就可以了。

對，沒錯。只是死亡的投保人無法繼續支付費用，這一點也必須考慮在內。

扣除死亡人數，10年期間的投保人數總共為100,000＋99,932＋……＋99,299＝99萬6709人。

因此，所有投保人在10年當中所支付的保險費用總額是**99萬6709人×（1個人每年所需支付的保險費用）**。

由於這個費用要和保險公司支付的保險金相同，因此**（1個人每年所需支付的保險費用）＝80億9000萬日圓÷99萬6709人＝約8,117日圓**。

也就是說，1年的保險費用**大約為8,117日圓**。

嗯……，10年期保險的費用計算**好複雜……**。

那麼，再順便思考一下30歲1年期的保險費用，當作剛才的複習吧！

30歲的1年內死亡率為0.068%，因此10萬人中將會有68人死亡。保險公司支付的保險金則為6億8000萬日圓，由10萬人分攤，**每個人**要負擔的保險費用為**6,800日圓**。

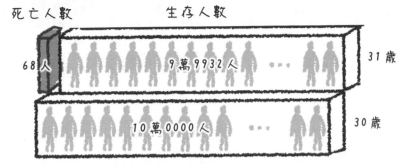

死亡人數　　　　　　生存人數

68人　9萬9932人　……　31歲

10萬0000人　……　30歲

▷保險公司1年期間需支付的保險金總額
　68人×1000萬日圓=6億8000萬日圓

▷所有投保人需支付的保險費用總額
　10萬0000人×（1個人每1年需支付的保險費用）

▷10年期保險的投保人每1年需支付的保險費用
　6億8000萬日圓÷10萬0000人=6800日圓

 喔喔！比起10年期的保險費用，1年期的保險費用便宜多了呢！

 這是因為在決定10年期人壽保險的1年保險費用時，也包含了將來保險金增加的部分，所以比起1年期的人壽保險，10年期每年的保險費用當然會變高。

 喔～我好像大概了解保險的架構了！

為什麼保險費用因人而異？

除了人壽保險以外，其他保險也都是由統計來決定的嗎？

當然是啊！
像是旅遊險、地震險、火險、車險等，**全部都是以統計的數據來看會有多大的機率發生損害，然後再以此為根據設計保險商品。**

那麼，例如**地震險**是怎麼設計的呢？

基本的思考方式跟人壽保險相同。根據過去的統計數據先求出支付保險金的機率，然後再設定能承擔其風險的保險費用。

嗯嗯！

在地震險中，是以都道府縣為單位評估**發生地震的風險**，再根據評估結果設定保險費用。**被評估為高風險區域的保險費用會較貴。另外，還會把是否為木造建築，或建築年數等因素納入考量，來決定最終的保險費用。**

下圖是日本列島的**地震風險**評估圖。
紅色越深的地區表示風險越高。

但不是也會發生**數百年一次**的大型地震嗎？
像東日本大地震，我覺得根本不是能預測到的災害啊！

你說的很有道理！

沒錯，不管我們再怎麼預估風險，當遇到巨大規模的地震時，只靠1家保險公司是很有可能無法支付保險金的。

那這樣要怎麼辦？
難不成要投保人承擔損失嗎？

不，為了避免這種情況，也有一種是**讓保險公司投保的保險**。方法像是加入外國保險公司的保險，或加入由政府補償的保險等等。

哇！原來保險公司也會加入保險啊！

感覺很好玩呢！

對了，最近我姐姐拿到**黃金駕照**[※]，所以汽車保險的保費降了很多。**汽車保險**的保費是根據什麼因素而決定的呢？

 持有黃金駕照的駕駛人發生事故的風險較低，所以保險費用會變得比較便宜。
相反地，如果**曾經發生事故**，高風險駕駛人所要支付的保險費用，就會較為昂貴。

※註：若取得日本駕照且在五年內無任何交通違規、事故，下次更新駕照時，上面有效期限那欄就會變成金色，並於旁邊寫上「優良」。除了鼓勵優良駕駛外，也可能於車貸、旅館、餐飲店、加油站等等有特殊優惠。

但是她說在她更年輕的時候，汽車保險的保費非常貴，這又是為什麼呢？

在駕駛人年輕且開車經驗較少的期間，我們不知道誰駕駛技術好或是誰容易發生事故，無法判斷剛拿到駕照的年輕駕駛人發生事故的風險高低。所以**其中一部分駕駛人容易發生事故的風險，就反應在所有新手駕駛的保險費用上。**

原來如此啊！
然後如果有一段期間沒有發生重大事故，我們就能知道那位駕駛不容易發生事故對嗎？

是啊！所以只要不發生事故，就能投保便宜的汽車保險。
在汽車保險中，保險公司會利用過去的統計資料評估事故風險的高低，來決定保險費用金額。

統計果然非常厲害啊！
想不到使用過去的統計資料，居然還能預測發生事故的風險有多大。

不過，保險公司為了預測須支付多少的保險金，需要一個非常重要的條件。

那就是**要有夠多的投保人**。

每個投保人是否會發生需要支付保險金的情況，是隨機的。但只要投保人人數夠多，從結果來看，實際發生的事故件數和以統計算出的機率是相差不大的。

以龐大的樣本數量調查機率會趨於穩定，我們稱之為**大數法則（law of large numbers）**。保險公司能穩定經營也是多虧了大數法則喔！

預言彗星到來的 哈雷

　　英國天文學家哈雷，因計算哈雷彗星的軌道並預測其到來而聞名。也因其學富五車，個性誠實公正而廣為人知。

前往南海孤島

　　西元1656年，哈雷出生於倫敦近郊的哈格斯頓（Haggerston）。哈雷從小就對天文學產生興趣，並用父親買給他的全套觀測器材進行研究。

　　到了1676年，哈雷動身前往浮於南太平洋上的聖赫勒納島（St. Helena I.），目的是為了研究能從南半球觀察到的恆星。此島位在非洲大陸的西側，是遠洋上的孤島，爾後因成為拿破崙的流放地而知名。

　　1678年哈雷回到英國，將首張南方天空的星圖帶回歐洲。哈雷的此項功績受到認同，以22歲相當年輕的年紀獲選為英國皇家學會的會員。

預言哈雷彗星的到來

　　之後，哈雷開始致力於彗星軌道相關的研究。他盡可能地收集彗星過去的紀錄。然後以牛頓發明的微積分和力學理論為基礎，解析彗星的軌道。

　　1705年，哈雷預言了過去曾經造訪地球的彗星將會再次到來。他的預言成真，1758年彗星再次出現，這就是後來的「哈雷彗星」。然而，哈雷在1742年已逝世，無法親眼見證其預言的正確性。

世界最初的保險統計表及 3 次的科學航海

哈雷除了彗星的研究之外，其實也在各種領域留下了他的功績。像是發表關於海風的氣象學論文，設計用於人壽保險的「生命表」，更特別的是，他還發明了吊鐘型的潛水裝置。

哈雷擔任過牛津大學的數學教授，並成為皇家格林威治天文台（Royal Greenwich Observatory）的第 2 任台長。據說在他辭世前幾週，仍在格林威治持續觀測天體。

第 2 節課

試著利用圖表進行
數據分析吧！

STEP 1

一起學習圖表和平均值吧！

從本節課開始，一起來看統計學的第一步：關於運用圖表分析統計數據的方法。透過製成圖表，可以窺見在社會上所發生的各種現象的真實情況。

數據分析的第一步：數據的圖表化

 統計學是分析龐大的數據並進行解讀的一門學問。接下來，我將針對從調查中取得的數據之解讀方法，一步一步進行說明。

 ## 好的，麻煩老師了。

 還記得在第一節課出現了**生命表**這個詞嗎？

 對，是用來紀錄各個年齡死亡率的表格吧！

 是的，沒錯。下面的表格是節錄 **2015 年男性生命表**的部分內容。

第 22 回　生命表（男）

年齡	生存數	死亡數	生存率	死亡率
0年	100,000	202	0.99798	0.00202
1	99,798	34	0.99966	0.00034
2	99,765	24	0.99976	0.00024
3	99,741	16	0.99984	0.00016
4	99,725	11	0.99988	0.00012
5	99,725	10	0.99988	0.00010
6	99,725	10	0.99988	0.00010
7	99,694	10	0.99990	0.00010
8	99,684	9	0.99991	0.00009
9	99,676	8	0.99992	0.00008
10	99,668	7	0.99993	0.00007
⋮	⋮	⋮	⋮	⋮
102	693	262	0.62229	0.37771
103	431	171	0.60267	0.39733
104	260	108	0.58291	0.41709
105	151	66	0.56303	0.43697
106	85	39	0.54307	0.45693
107	46	22	0.52305	0.47695
108	24	12	0.50301	0.49699
109	12	6	0.48296	0.51704
110	6	3	0.46295	0.53705
111	3	2	0.44302	0.55698
112	1	1	0.42318	0.57682

節錄自日本厚生勞動省《生命表（完全生命表）概況》（第22回）的部分內容

全部都是數字實在是看不懂啊……

 是啊！只把數字列出來，實在很難掌握到數據的特徵。所以**把上一頁的死亡率表格轉換為圖表看看吧！**

1947年～2015年的男性死亡率變遷圖請看這裡！

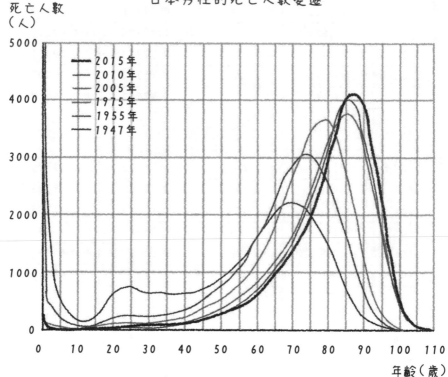

日本男性的死亡人數變遷

本圖根據日本厚生勞動省的《生命表（完全生命表）概況》（第21回及22回）製成。

在日本出生的10萬名男性，按照各個年齡死亡率而逐漸死亡時，其**死亡人數的變遷**藉由此圖表清楚呈現。

喔喔！ 光看數字時完全看不出來，可是一旦轉換成圖表就非常清楚耶！

2015年的死亡人數從70多歲開始急遽增加，在80多歲後半達到高峰呢！

是的。**轉換成圖表後，就能夠發現各式各樣只靠數字排列觀察不到的事情。**

將過去和最近的圖相比，也能知道死亡人數的分布是如何變化的呢！

嗯，在1947年最古老的圖裡，到1歲前有5000名以上的男童死亡。12歲前後的死亡人數雖然較少，但之後不管哪個年齡都超過500人死亡。

然後，死亡人數的高峰落在70歲前後。

雖然以前的死亡人數分布較為廣泛，但隨著年代變化，**分布圖尖端的高峰也逐漸往右偏移**呢！

沒錯。這就**表示我們從「各種年齡層皆多數死亡的社會」，轉變為「多數人長壽的社會」**。隨著年代從1955年、1975年、2005年直到2015年，能看得出這個變化正在進行。
如上面所說，數據的圖表化，是數據分析的第一步！

為了要了解事物的變化，**轉換成圖表是非常重要的呢！**

4月～7月出生的人運動神經超群！？

我在這裡介紹一個有趣的圖表吧！
接下來的圖表，是**職棒選手的生日月份分布圖**。

選手數
（人）

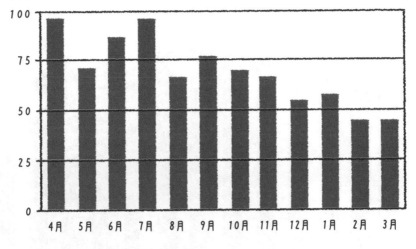

本圖參考網站「職業棒球數據」
（http://baseball-data.com/）製成。

4～7月出生的選手很多耶！
另一方面2月和3月出生的人數非常少。大約只有4月出生人數的一半呢！

你覺得這是為什麼呢？

嗯……是因為在日本4～7月出生的小孩較多，**2、3月出生的小孩較少的關係嗎？**
天氣冷，照顧小孩也比較辛苦。

很可惜你答錯了。
看下一頁日本男性每月的出生人數圖表，可以知道4～7月出生的人數並沒有特別多。

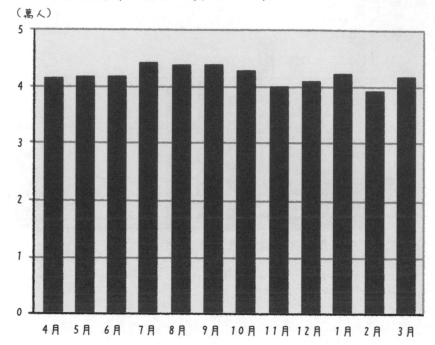

日本男性的每月出生人數（2016年）
（萬人）

| | 4月 | 5月 | 6月 | 7月 | 8月 | 9月 | 10月 | 11月 | 12月 | 1月 | 2月 | 3月 |

真的耶！2月、3月出生的小孩並沒有比較少耶！

那……可能是在4～7月出生的話，因為有初夏舒爽的太陽照射，所以**不知道為什麼運動神經就變得很好**？

不不，那怎麼可能！

職業棒球選手出生月份的偏倚，被認為是**在幼稚園或小學時，和相同學年的小孩競爭下所產生的結果。**

這到底是怎麼一回事呢？

日本的新學期是從4月開始對吧！1個學年由4月2日～翌年4月1日出生的小孩組成。

也就是說，翌年4月1日出生的小孩是整個學年當中年紀最小的，比起4月2日出生的小孩，實際上小了將近1歲。

嗯嗯！

如果同一天生日的6歲小孩和7歲小孩比賽賽跑的話，一定是7歲小孩比較有利吧！

同樣的道理，由於日本是以4月2日來劃分學年，因此一般認為4～7月出生的學生，在運動或課業上比較容易獲得好成績。這種現象就叫做**「相對年齡效應」**（relative age effect）。

原來如此。在小時候，1年的確是非常大的差距呢！

不過成為職業棒球選手不都是至少要18歲以上嗎？很難想像成年後1歲的差距會有什麼影響耶！比起老手，更加活躍的年輕選手比比皆是！

的確，這個效應在年幼時期比較明顯，隨著年齡增加，相差1歲所帶來的影響也會變小。因此在成年之後，**4月出生的人**和**3月出生的人**應該是勢均力敵的。

 對啊！這樣的話，為什麼在職棒選手的團體中會看見生日帶來的影響呢？

 一般認為原因很有可能是在**少年時期**。
4～7月出生的棒球少年，比起其他相同學年的棒球少年，更常被稱讚或被提拔，有可能因此更能發揮能力。
另一方面，比新學年開始的月份提早出生的小孩，有可能會低估自己的能力而放棄棒球。

 如果有很多比自己更厲害的人，的確有可能會出現因失去自信或動力而放棄的小孩。

 是啊！
順帶一提，有研究指出和英國一樣**新學期是9月**開始的國家，也存在著相對年齡效應。這種情況下，小孩若出生於新學期開始前的夏天會比較不利。
從這個現象，**我們也可以知道並不是在特定的時期，就會有許多運動能力或學力優秀的小孩出生。**

嗯⋯⋯提早出生的小孩感覺有點懷才不遇耶！

那2、3月出生的小孩要怎麼做才能發揮自己的能力呢？

 比如說，有些私立幼稚園在招生時，會顧慮到相對年齡效應，將出生月份以每3個月來分組進行考試。

此外，除了年幼時期之外，在成長的過程中，創造**人才選拔機制**可以說是相當重要的。

 原來從圖表中，還能窺見社會上各種各樣的實際情況呢！

話說回來，數據分析的第一步是數據的圖表化。而下一個重要步驟，則是將數據的特徵用稱為「**特徵值**」（characteristic value）的數值來表示。

 特徵值？
哇！感覺會一口氣變得很困難耶！

 沒那回事，一點都不難的！
比如說，你知道**平均值**吧！

 那當然！ **小學就學過了。**

 平均值也是**特徵值的一種**，可以說是最常使用的特徵值吧！

 喔～原來平均值也是特徵值啊！
我的考試分數如果高於平均值就會被爸媽稱讚呢！
不過不常發生就是了……

 所謂的平均，就是顯示數據分布中心的數值，在日常生活中很常見呢！平均值可以透過「合計所有數值後，再除以數據的個數」來算出。其算式如下：

$$平均值 = \frac{數據_1 + 數據_2 + \cdots + 最後的數據}{數據的個數}$$

 對了！以這個計算方法求得的平均值也稱為**算術平均數**（arithmetic mean）。

 ## 我到現在不曉得用過平均值多少次了，當然知道啦！

 ## 非常好！
那麼就來實際計算看看吧！
假設這裡有5個人。每個人各有3萬日圓、4萬日圓、5萬日圓、6萬日圓、7萬日圓。那麼，這些人所持有的金額平均是多少？

 很簡單啊！$\frac{3+4+5+6+7}{5}=5$。

平均是**5萬日圓**！

 正確答案！這個問題有點太簡單了！
平均值就像這樣經常被用來當作表示數據中心的指標。
但是！　其實使用平均值時也有必須注意的情況。

 ## 是、是什麼呢？

假設剛剛的那5個人，再加上1個持有23萬日圓的人，那麼平均金額會變成多少呢？

 嗯……，$\dfrac{3+4+5+6+7+23}{6}=8$。

平均值是8萬日圓！

持有金額
（萬日圓）

平均值為
「5萬日圓」

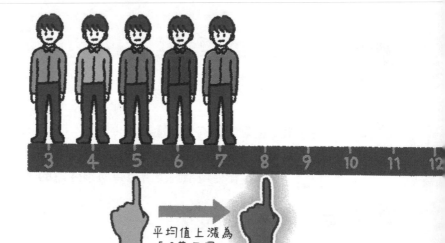

平均值上漲為
「8萬日圓」

86

是的。僅僅加了一個有錢人，平均值就一口氣跳到8萬日圓了呢！

喔～
6個人當中有5個人少於平均值啊……，
感覺有點奇怪呢！

這是因為**平均值擁有容易受到極端數值影響的性質**。
所以在看平均值的時候，必須非常小心這部分。

嗯嗯！

3　14　15　16　17　18　19　20　21　22　23

比如說，花式溜冰等運動競賽是由多位評審進行評分。**這個時候，就會採用去除最高分和最低分之後的平均值。**這麼做是因為考慮到平均值容易受極端數值影響的缺點。

是這樣的啊！原來在運動競賽中也會考慮到平均值這個棘手的特性呢！

平均儲蓄金額為1327萬日圓是真的嗎？

在剛剛提到的平均值陷阱中，**平均儲蓄金額**就是典型的例子之一。

平均儲蓄金額……，有點令人在意。
不知道大家都存多少錢啊？
大概３萬日圓～？

…… ，在2017年的調查中，包含日本家庭有２位工作者以上的平均儲蓄金額是「**1327萬日圓**」喔！

什麼？！　騙人的吧！
大家都存那麼多錢嗎？！真不敢相信，我周遭的朋友都不存錢的耶！

哈哈哈！ 對大多數的人來說，這個平均值應該會覺得太高吧！那是因為大家在無意識中會判斷平均值附近的人數最多的關係。
但是，平均儲蓄金額的實際分布並不是如此。讓我們來看看下一頁實際分布的圖表吧！

什麼嘛～1200萬日圓以上的人，根本算超級少數啊！

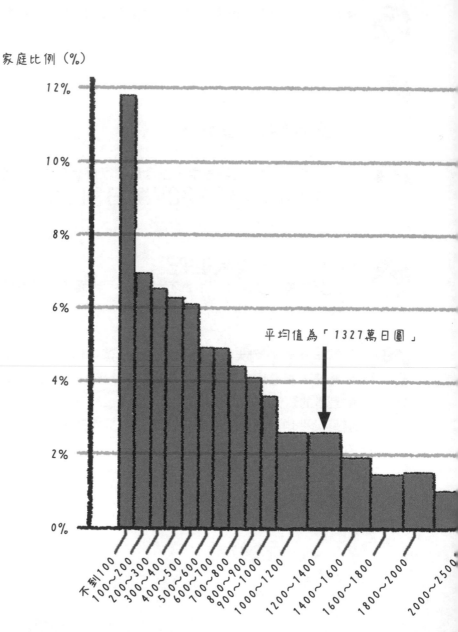

家庭比例（%）

12%

10%

8%

6%

平均值為「1327萬日圓」

4%

2%

0%

不到100
100～200
200～300
300～400
400～500
500～600
600～700
700～800
800～900
900～1000
1000～1200
1200～1400
1400～1600
1600～1800
1800～2000
2000～2500

嗯嗯，儲蓄金額在1200萬日圓以上的家庭，**其實只佔全體的３分之１左右。** 擁有高額儲蓄的少數族群把整體的平均值給拉高了。

像這樣，**平均值也有可能讓人產生和實際情況不同的印象。**

本圖依據日本總務省統計局《家計調查（儲蓄、負債篇）》（平成29年）製成。

0~3000　　3000~4000　　4000以上

儲蓄金額（萬日圓）

害我緊張了一下～

那在這種情況下，有沒有什麼好的方法能顯示大多數人的儲蓄金額呢？

這種時候就由平均值以外的特徵值大顯身手了。
比如說，在剛剛的儲蓄金額分布中，不到100萬日圓的比例最多對吧！我們稱之為**眾數**（mode）。

眾數……，

我完全就是眾數啊！
什麼嘛～原來是多數啊！

……。

再來，還有會使用到稱為「**中位數**」（median）的特徵值。
這是指**將數據按大小排列順序時，位於中央的數值**。比如說，將5個數據由小到大排列時，第3個就是中位數。
像剛剛儲蓄金額的例子中，**中位數就是743萬日圓**。

嗚嗚……，**我們家的存款果然低於中間的金額啊～**

眾數和**中位數**都比平均值小呢！。

這兩個特徵值都擁有不易受極端數值影響的特性。

為了要清楚說明各種分布的特徵，必須巧妙靈活地運用各種特徵值。

既然都說到這個主題了，那我們再來看看另外一個例子吧！下面是15歲日本男性的體重分布圖。

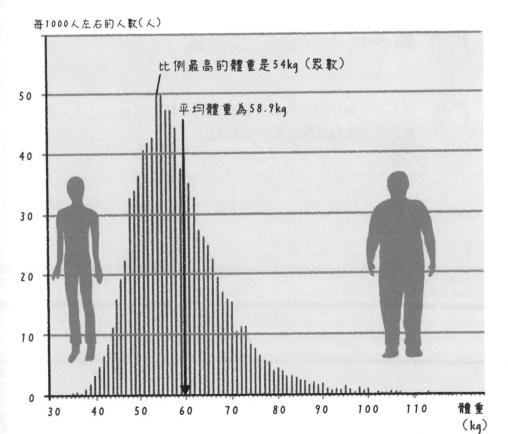

本圖依據日本文部科學省《平成29年度學校保健統計調查》製成。

首先，15歲男性的平均體重為**58.9**kg。

 # 哇！比想像中還重呢！

 你還是掉入**平均值的陷阱**中了唷！
這也是因為部分男性體重較重，所以平均值才往上升。比例最多的眾數是54kg。

 # 喔～比平均值輕很多呢！

 像這樣，**為了要明白顯示數據特徵，除了平均值之外，還必須靈活運用其他各種特徵值喔！**

STEP 2

自然界中最為一般的
圖表：常態分布

當各個數據成為左右對稱的吊鐘型分布時，我們稱之為「常態分布」。是自然界中最一般的數據集合，在統計分析的各種場合經常登場。

按照身高順序排列，會呈現吊鐘型的圖表

在STEP 2中，我將介紹在統計分析裡佔有重要地位的常態分布。

常態分布……？
這到底是什麼東西？

假設我們測量某學校17歲的男學生身高，測出來的平均值為175公分。
然後我們將身高160～162公分的學生、162～164公分的學生……以此類推，每2公分分為1組並且讓學生分別排成1行。最後結果會如下所示：

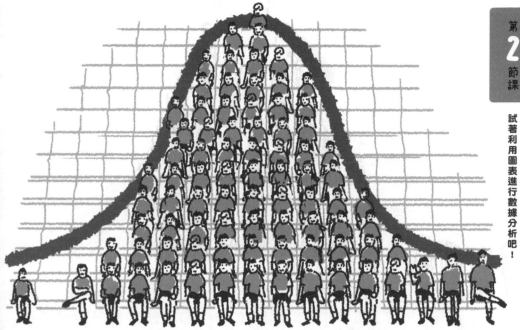

158cm 160cm 162cm 164cm 166cm 168cm 170cm 172cm 174cm 176cm 178cm 180cm 182cm 184cm 186cm 188cm 190cm
~   ~   ~   ~   ~   ~   ~   ~   ~   ~   ~   ~   ~   ~   ~   ~   ~
160cm 162cm 164cm 166cm 168cm 170cm 172cm 174cm 176cm 178cm 180cn 182cm 184cm 186cm 188cm 190cm 192cm

不到166公分的學生非常少，166～168公分的學生變得有
點多。隨著身高變高，人數跟著增加，174公分～176的學
生人數最多。
之後隨著身高變高，人數反而減少。186公分以上的學生則
是非常地少。

97

喔～**原來排列之後會變成像吊鐘的形狀啊！**

是的。若以整體來觀察這些行列，以平均值為中心而左右對稱的模樣，看起來和吊鐘形狀很像。

各個數據像這樣呈現左右對稱的吊鐘形狀分布時，我們便稱之為「常態分布」。

英文是normal distribution。在常態分布中，平均值、眾數、中位數全部一致，會落在圖表最頂點的位置。

常態分布可以說是統計學中最重要的分布。

為什麼這個吊鐘型的常態分布這麼重要呢？

除了身高以外，常態分布在**學校的考試分數**等**自然界**或**社會**的各種現象中也相當常見。

另外，關於想要調查的現象，無論其數據分布的形狀如何，都可以利用常態分布的知識。因此，常態分布也會被運用在**推算收視率、民意調查**或工廠的**品質管理**等各式各樣的場合。

這個簡單的吊鐘型圖表，原來這麼重要啊！

由於常態分布的圖表形似吊鐘的形狀，因此也被稱作**吊鐘形曲線（bell curve）**。

常態分布由法國數學家**棣美弗**（1667～1754）發現。此外，知名數學家**高斯**（Carl Friedrich Gauss，1777～1855）注意到觀測的誤差會變成常態分布，因而成功地精準計算出矮行星（dwarf planet）「穀神星」的軌道。由於這些豐功偉業，常態分布也被稱為**高斯分布**。

 常態分布也被用在天文學方面啊！

棣美弗
（1667～1754）

高斯
（1777～1855）

由彈珠台的彈珠產生的常態分布

 那要怎麼做，常態分布才會出現呢？讓我們來想一想吧。
舉例來說，用下圖的**彈珠檯**就能製造出常態分布。

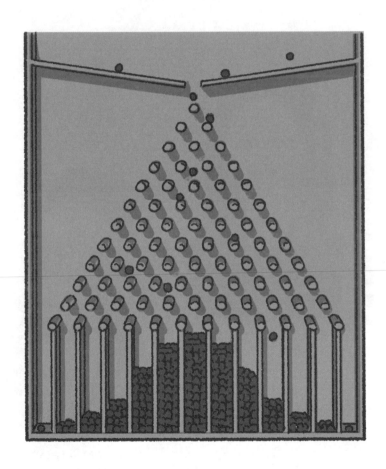

把彈珠放進彈珠檯，彈珠碰到釘子後便會隨機往左往右慢慢掉下去。**如果把大量的彈珠放進彈珠台的話，累積在下方的彈珠會自然地呈現出常態分布。**

自然地？ 為何彈珠會呈現出吊鐘型的常態分布呢？

假設放進彈珠台的彈珠在碰到釘子時，**往右掉的機率為50％，往左掉的機率也為50％。**然而碰到釘子後一直往右掉的彈珠或一直往左掉的彈珠不常見。因此，彈珠不太會集中在彈珠台的右側和左側。

彈珠很難累積在左右兩側。

另一方面，像是以「右右左左右」或「右左右左右」等方式，往右方移動和往左方移動的次數幾乎相同的彈珠則變多。這些彈珠就算在掉落過程中的路徑不同，最終還是會落在中間附近的溝槽。

原來如此，所以中間附近的彈珠才會那麼多啊！

是的。**這些彈珠最後就會呈現出吊鐘型的常態分布。**

真有趣！ 原來是這麼一回事啊！

 在彈珠台中，彈珠可以說是一直重複「往左或往右」的二選一。
二選一的數量越多，其分布會越接近常態分布。
以這次的彈珠檯為例，彈珠碰到的釘子數量越多，累積在下方的彈珠就會越接近常態分布。

 ## 不斷重複二選一啊……。

 沒錯，比如說**丟擲硬幣**也會發生同樣的事情。丟擲後會出現的結果，就只有**正反兩面二選一**。
當丟擲大量硬幣時，出現正面的機率分布，將會趨近於常態分布。

 為什麼丟擲後出現正面的硬幣，會呈現常態分布呢？

 假設我們重複**丟擲100枚硬幣**。出現正面的硬幣數量，應該最可能是50枚左右。另一方面，只出現正面或只出現反面的例子幾乎不會發生。
因此，硬幣出現正面的機率，如下頁圖表所示，會呈現出中心點在50枚附近的吊鐘型分布。

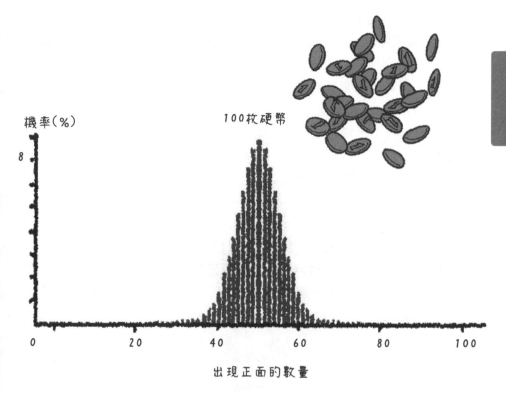

機率（%）

100枚硬幣

8

0　　　　　20　　　　　40　　　　　60　　　　　80　　　　　100

出現正面的數量

丟硬幣是吧，那我來實驗看看！

丟100枚硬幣可能會很辛苦喔，不過你可以試試看。
棣美弗原本也是研究由二選一產生的分布（二項分布，
binomial distribution），並且從研究過程中發現常態分布
的喔！

關於使用常態分布來詳細分析數據的方法，我會在第3節和第4節課中解說。在這裡先介紹一則有趣的軼事，來看看如何利用常態分布的性質識破謊言吧！

 用常態分布也可以識破謊言嗎？

 是的。
法國數學家龐加萊（Jules Henri Poincaré，1854～1912）留下了使用常態分布識破麵包店謊言的趣聞。
根據這則傳聞，龐加萊時常光顧一家販賣「1公斤麵包」的麵包店。

龐加萊
（1854～1912）

1公斤嗎？**感覺麵包還蠻重的呢！**

只是這個麵包嚴格來說並不是1公斤，每一個麵包重量都不太一樣。
龐加萊每天都會來這裡買麵包，於是他決定要調查麵包的重量。

October
1000g 970g
990g 940g
1050g 880g
900g 1040g
880g 900g
970g 920g
960g 1130g

1010g 930g
890g 940g
880g 960g
950g 890g
970g 1020g
940g 940g
980g 1060g

他為什麼這麼做啊？

嘿嘿！然後過了1年，龐加萊竟然將他調查的麵包重量**製成了圖表！**

天啊～！

結果，呈現出**常態分布的圖表**，其頂點為950公克。

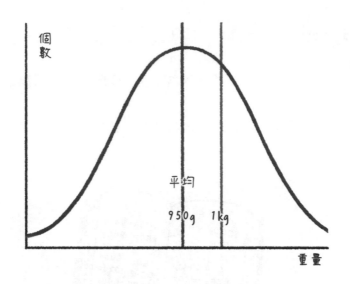

 麵包店的賣點明明是「1公斤麵包」，但頂點卻是950公克？不是應該要1公斤嗎？

 正是如此！ 麵包店一直以來都少算50公克，以950公克為基準製作麵包啊！

 喔喔！麵包店的謊言被拆穿了！！

 沒錯，麵包店被龐加萊揭穿後，每次都給龐加萊比以前更大的麵包。

但這樣仍然不能滿足龐加萊，所以之後他還是繼續測量麵包的重量。

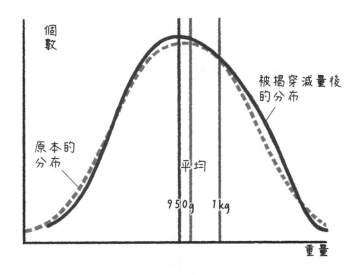

 他真的生性多疑耶！

 結果不出所料，他發現了以下情形：分布的頂點還是950公克，而且左右還變得不對稱。因為950公克以下的麵包變少了。

 嗯？這是怎麼回事？！

龐加萊馬上看穿了真相。

麵包店並沒有改以1公斤的標準製作麵包。仍然繼續以950公克為基準，只是在龐加萊光顧時，把麵包中**尺寸較大的麵包賣給他**而已。

 麵包店也不是省油的燈呢！

龐加萊又再次指正，據說店家**非常吃驚**呢。就像這樣，將某個現象化為圖表後呈現常態分布時，若圖表的形狀偏離了常態分布，就能推測出可能有異常。

這個麵包沒有1公斤!!

 ## 原來如此～

 現在在製造業的現場，調查零件品質時也會使用常態分布。**工廠正常運作時，零件的大小和重量平均起來就和麵包重量一樣，其圖表會呈現常態分布。**如果常態分布的圖表產生偏差的話，就可以判斷設備可能發生某些異常。

 ## 常態分布真的很厲害呢！

透過常態分布而識破謊言的還有以下例子。統計學家**凱特勒**（Lambert Quételet，1796～1874）在法國軍隊徵兵檢查的時候，統計分析那些年輕人的身高，發現了一個奇怪的地方。

 ## 奇怪的地方？

 是的。從法國徵兵檢查時的紀錄，推測年輕人身高分布如下圖所示。

從法國徵兵檢查時的紀錄所推測的年輕人身高分布

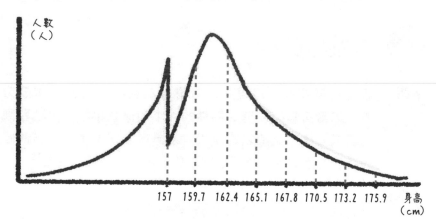

本圖依據《智慧統計學》（福井幸男著，共立出版股份有限公司）製成

110

疑？ **感覺形狀有點變形耶！**

 正是如此。 身高的分布，大致上都按照常態分布，在平均身高左右的年輕人較多，而且幾乎沒有身高特別高或特別低的人。

然而！ 只有157公分左右的部分大幅偏離了常態分布！身高比157公分較高的人較少，相反地比157公分矮的人數特別多。

 這到底是為什麼？
因為157公分的法國年輕人比較少嗎！？

不，並不是那樣的。凱特勒推測其理由如下：

當時，法國徵召**身高157公分以上**的年輕人加入軍隊。因此，比157公分只稍微高一點的年輕人當中，不想被徵召的人便把身高變矮蒙混過去。

原來是這麼一回事啊！

比157公分高很多的人想蒙混也沒辦法。但只稍微高一點的人，就可以讓自己變矮一點糊弄過關對吧！

沒錯。就這樣結果偏離了常態分布，留下了比157公分高的人較實際人數少，比157矮的人較實際人數多的紀錄。

年輕人的意念變成了數據，被清楚地記錄下來了呢！

從統計數據揭開造假的相撲比賽

在日本，也有使用統計做出分析而引起軒然大波的例子。
美國芝加哥大學教授的**列維特博士**（Steven David
Levitt，1967～）發表了一篇令人震驚的論文。其內容暗
示從1989～2000年**職業相撲比賽的勝敗數據**中，有
部分比賽可能造假。

造假！？ 意思是指選手們事前先決定好誰贏誰輸的意
思嗎？

對，列維特博士利用統計指出了有可能發生這樣的事情。
他注意到了相撲選手在每個比賽場所的**勝敗次數**。如果
所有的選手實力相當的話，那麼勝利次數就會呈現出像下
頁的曲線（二項分布）。

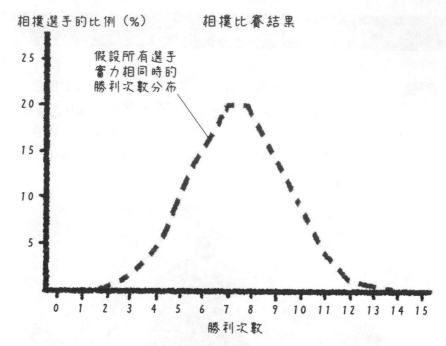

相撲選手的比例（%）　　　　相撲比賽結果

假設所有選手
實力相同時的
勝利次數分布

25
20
15
10
5

0 1 2 3 4 5 6 7 8 9 10 11 12 13 14 15
勝利次數

本圖依據Duggan, M., Levitt, S.D.（2002）. "Winning isn't Everything: Corruption in Sumo Wrestling"製成

是山形圖案呢！

是的。7勝8敗或8勝7敗的相撲選手最多，全勝（＝優勝）或全敗的選手則非常罕見。

嗯嗯！

但是！ 　觀察實際的勝敗次數後，會發現雖然其結果大致上和二項分布一致，但7勝8敗的選手格外地少，而8勝7敗的選手卻異常地多。

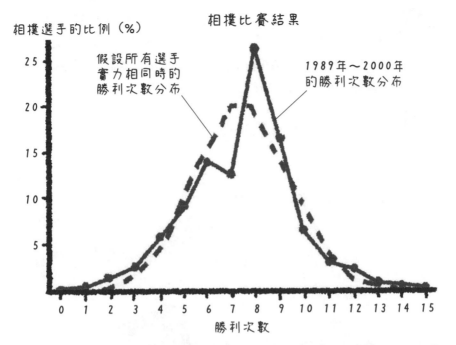

相撲選手的比例（%）

相撲比賽結果

假設所有選手
實力相同時的
勝利次數分布

1989年～2000年
的勝利次數分布

勝利次數

本圖依據Duggan, M., Levitt, S.D.（2002）."Winning isn't
Everything: Corruption in Sumo Wrestling"製成

咦!? 為什麼會發生這種事情？

列維特博士從這個結果指出，可能有部分難以贏得8場比
賽的選手，請已經贏得8場比賽的選手放水。

因為能不能獲得8場勝利，對相撲選手來說可是大事！

沒錯！但像這樣的分析，並不能馬上成為比賽造假的證據。比賽持續爆冷門，也有可能造成結果偏離二項分布。然而，**這種分析能有效讓人發覺異常，並成為認定需要進一步詳細調查的關鍵。**

 統計就連比賽造假也能揭穿呢！

 是的。 實際利用運動方面的常態分布來分析比賽造假的，還有美國職業籃球比賽喔！

發現常態分布的**棣美弗**

棣美弗（Abraham de Moivre，1667～1754）是發現常態分布的數學家。並且對於解析幾何（analytic geometry）和機率論（probability theory）的發展有卓越的貢獻。

棣美弗於1667年出生在法國。在路易十四以後，由天主教會統治法國，新教徒受到嚴重的迫害，身為新教徒的棣美弗也因此在1685年被送入監獄。他在被釋放後不久便移居英國。

無法成為教授的棣美弗

棣美弗在英國時和牛頓、哈雷交情深厚。尤其對於牛頓的研究特別感興趣，甚至還留下傳聞，當牛頓被問到自身著作《自然哲學的數學原理》時回答說：「請去找棣美弗，他比我還要清楚。」此外，棣美弗也曾因受到哈雷的影響，而致力於研究行星的運動。

棣美弗一直希望能成為正式的大學教授，但最終卻未能如願。德國哲學家兼數學家的萊布尼茲（Gottfried Leibniz，1646～1716）還和哈雷商量，看能不能找出方法幫助被迫過著貧困生活的棣美弗，但也沒成功。因此棣美弗只能邊當家教，邊持續研究數學。

在爭論牛頓和萊布尼茲誰先發明微積分的會議中，棣美弗還因擔任議長判定結果而出名。

發現2項分布近似常態分布

棣美弗研究機率論，亦出版了相關著作。其中，他提出了骰子和從袋子裡取出色球等問題。

此外，其著作當中介紹了二項分布的極限會呈現出常態分布。所謂的二項分布，就是在丟擲多枚硬幣時，出現正面的硬幣數量之機率分布。棣美弗發現，如果丟擲的硬幣數量增加，二項分布就越接近常態分布。

棣美弗也因提出連接複數（complex number）和三角函數的棣美弗定理「$(\cos\theta + i\sin\theta)^n = \cos n\theta + i\sin n\theta$」而聲名遠播。

第 **3** 節課

更加仔細掌握
數據的特徵

STEP 1

調查差異度，進行數據分析！

本節課將介紹能更加正確掌握數據特徵的方法。掌握數據特徵，了解各個數據的差異範圍是相當重要的。

來調查甜甜圈的差異程度吧！

 接下來，我將利用常態分布，更詳細地分析數據的特徵！

 好的，麻煩老師了。

 讓我們再看一次第二節課第97頁的身高分布吧！
身高最高的人和最矮的人，大概相差了**30公分**。

 對，身高最矮的人大概160公分，最高的人大概190公分。

 是的。但是，有一半以上的學生，其身高集中在平均身高175公分前後 5公分的範圍，也就是大概在**170公分～180公分**之間。

大家的身高都**集中**在平均附近呢！

 如以上所說，**各個數據如何分布是非常重要的資訊。**
在第2節的STEP1中，我介紹了**平均值**這個特徵值，對
吧！平均值經常被拿來當作顯示數據中心的**指標**。
但是只靠平均值，無法知道數據如何分布，也不能仔細掌
握其特徵。

 那要怎麼做才能掌握數據分布的特徵呢？

 在這種情況之下，數據的「**差異**」就變得相當重要。

 ## 差異？

 是的。其實**常態分布的形狀，是由兩個項目所決定的。一**
個是平均值，另外一個是接下來要說明的「表示差異的數
值」。

 也就是說，**透過平均值和差異，就可以**
知道數據分布的方式嗎？

 對，你說的沒錯。
那麼，要怎麼做才能用數值表示數據的差異程度呢？我們
從這個部份來思考吧！

為了簡單思考，在這裡我們用**甜甜圈的重量**來做例子！賣甜甜圈的 **A 店**和 **B 店**，兩家都是製作**平均值為100公克**的甜甜圈。

 A店和B店的甜甜圈，重量的**差異程度完全不一樣**啊！

 喔喔！ 為什麼你會這麼想呢？

A店

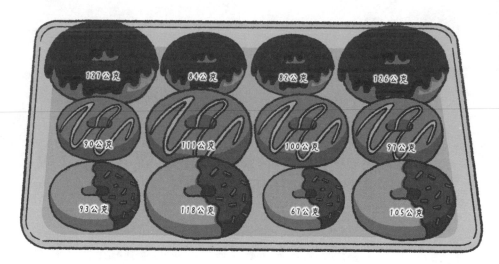

B 店的甜甜圈，每一個重量都跟100公克相差不大。但是
A 店的甜甜圈有的是**127公克**，有的是**67公克**，很多
甜甜圈跟平均值差距非常大。

 ## 你的著眼點非常好喔！

完全正確。A店甜甜圈的重量差異比較大。
正如你指出的，**每個甜甜圈的重量和平均值之間的差距，
似乎能成為差異程度的指標！**

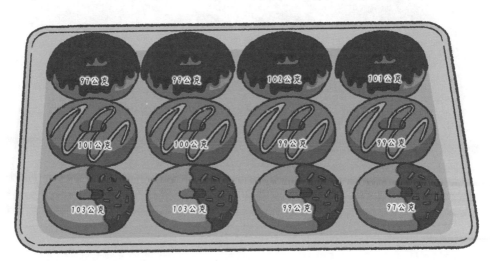

B 店

啊！ 調查和平均值的差距後再將其平均，不就能知道哪家的甜甜圈差異較大？

 喔？很好很好！
首先，**平均值和各個數據的差稱為偏差（deviation）。**

A店

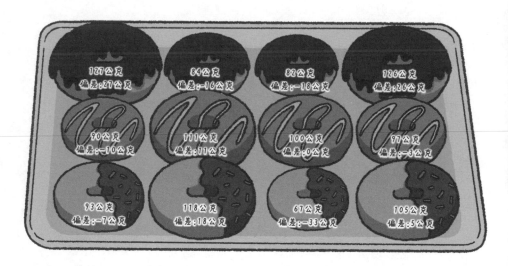

127公克
偏差:27公克

84公克
偏差:-16公克

82公克
偏差:-18公克

126公克
偏差:26公克

90公克
偏差:-10公克

111公克
偏差:11公克

100公克
偏差:0公克

97公克
偏差:-3公克

93公克
偏差:-7公克

118公克
偏差:18公克

67公克
偏差:-33公克

105公克
偏差:5公克

偏 差 ＝ 各 個 數 據 － 平 均 值

將A店和B店所有的甜甜圈算出**偏差**，求出來的數值如下圖這樣。

那麼，接著分別把A店和B店的**偏差平均**看看吧！

B店

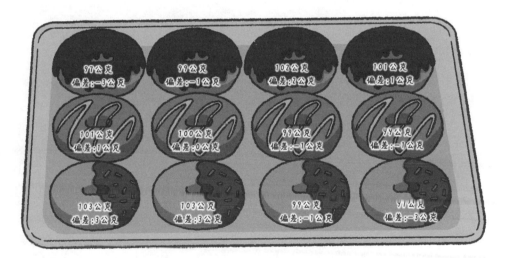

97公克
偏差:-3公克

99公克
偏差:-1公克

102公克
偏差:2公克

101公克
偏差:1公克

101公克
偏差:1公克

100公克
偏差:0公克

99公克
偏差:-1公克

99公克
偏差:-1公克

103公克
偏差:3公克

103公克
偏差:3公克

99公克
偏差:-1公克

97公克
偏差:-3公克

唔，將圖中的偏差數值全部加起來的話……。

誒？A店偏差合計為 0。B店的比較……啊！B店的偏差也是 0。

A店和B店的偏差數值合計都為 0 !?

沒錯。你的著眼點雖然很好，但因為偏差有負有正，所以**全部加起來就會變成 0**。即使單純計算偏差的平均，也不會得到有意義的數值。

因此，**在統計學中便將偏差平方後再平均的數值，當作表示差距的指標。**

我們稱之為**變異數（variance）**。

$$變異數 = \frac{(數據_1 - 平均)^2 + (數據_2 - 平均)^2 + \cdots + (最後的數據 - 平均)^2}{數據個數}$$

原來如此。這個算法就是為了不要讓加總變成 0 啊！

是的。分別計算A店和B店的變異數，A店為308.5，B店為3.8，由此可知A店的差異比較大。
就像前面說的，變異數是常被用來表示差異的特徵值之一。

變異數……。

數據的差異越大，變異數也會跟著變大。雖然計算有點麻煩，但這樣做的話就能比較差異程度了，對嗎？

沒錯。然而在求變異數時，因為是利用和平均的差距（偏差）平方後的數值，在使用上也有不太方便的情況。
為了彌補這個缺點，也經常用**變異數的平方根**，稱之為
標準差（standard deviation）。

$$標準差\ \sigma = \sqrt{變異數}$$

就是將變異數開根號，取消平方的意思。標準差一般是以
σ（sigma）這個數學符號表示。

標準差就是西格瑪！

若計算剛才提到的A店和B店的標準差，可以求得A店
為 $\sqrt{308.5} \fallingdotseq 17.56$。

另一方面B店為 $\sqrt{3.8} \fallingdotseq 1.96$。

和變異數相同，標準差的數值越大，就表示差異程度越大。

標準差是非常實用的差異指標，在這本書中到最後的第4
堂課也會一直出現，**請先務必牢記。**

好、好的。

來計算數據的差異程度吧！

既然現在已經知道了計算方法，那麼我們就來複習求得**平
均、變異數、標準差**的方法吧！

我、我會加油的！

首先，平均、變異數、標準差的**計算公式**如下頁所示：

$$平均 = \frac{數據值的合計}{數據數量}$$

$$變異數 = \frac{(數據_1-平均)^2+(數據_2-平均)^2+\cdots+(最後的數據-平均)^2}{數據個數}$$

$$標準差 = \sqrt{變異數}$$

的確是這樣呢！（筆記筆記）

想要求得變異數的話，要先計算各個數據與平均值的差（偏差），將算出的差各自平方後相加，最後再將總和除以數據的數量。
也就是說「**變異數是偏差平方後的平均值**」。
而「**標準差就是變異數值的平方根**」。

嗯……**好複雜！**

那麼就透過實際計算來熟悉一下吧！
假設這裡有**5個骰子**。丟擲的結果是1～5點各出現1個。
那麼，這時候出現的點數，**平均**、**變異數**和**標準差**會是多少呢？

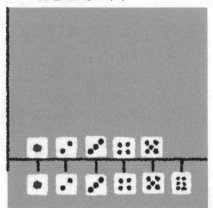

1~5點各出現1個時

 嗯……，求平均值是全部相加後除以數量……。

$$(1 + 2 + 3 + 4 + 5) ÷ 5 = 3$$

 我算好了，**平均值是3！**

 OK! 那麼變異數呢？

 嗯……，按照第131頁的公式來算的話……。

$$\{(1-3)^2 + (2-3)^2 + (3-3)^2 + (4-3)^2 + (5-3)^2)\} \div 5 = 2$$

變異數是 2！
然後標準差是變異數開根號，**標準差是 $\sqrt{2}$。**

GOOD！
那麼，同樣地，
①出現 5 個 3 點時
②出現 2 個 1 點、1 個 3 點、2 個 5 點時
試求其平均、變異數和標準差。

天哪！感覺很難計算。

加油啊！

我、我試試看。首先是①出埃 5 個 3 點的情況。

133

出現5個3點時

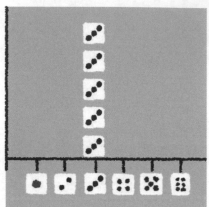

平均：$(3 + 3 + 3 + 3 + 3) \div 5 = 3$

變異數：$\{(3-3)^2 + (3-3)^2 + (3-3)^2 + (3-3)^2 + (3-3)^2\} \div 5 = 0$

標準差：$\sqrt{0} = 0$

算出來了！
出現5個3點時，平均＝3，變異數＝0，標準差＝0。

非常好！
你答對了！

太棒了～！
當5個骰子都出現同樣的點數而沒有差異時，變異數和標準差會變成0呢！

那接下來是②出現2個1點、1個3點、2個5點的情況。
嗯……。

出現2個1點、1個3點、2個5點時

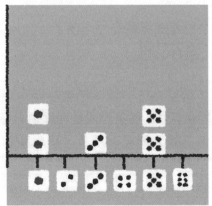

$$平均:(1 + 1 + 3 + 5 + 5) \div 5 = 3$$

$$變異數:\{(1-3)^2 + (1-3)^2 + (3-3)^2 +$$
$$(5-3)^2 + (5-3)^2)\} \div 5 = 3.2$$

$$標準差:\sqrt{3.2}$$

算好了！ 平均＝3、變異數＝3.2、標準差＝
$\sqrt{3.2}$。

答對了！

太好了！
我已經會計算變異數和標準差了！
放馬過來吧！

這些結果統整在下一頁。不管在哪一種情況，骰子的點數平均都同樣是3。但是變異數和標準差是不一樣的喔！**如果和平均值差距大的數據越多，變異數和標準差的數值也會越大。**

真的耶！觀察這個數值，就能判斷差異程度大小了呢！

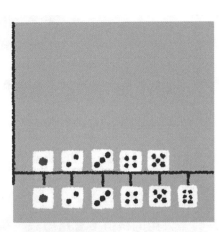

1～5點各出現1個時

平均＝3
變異數＝2
標準差＝$\sqrt{2}$ ≒ 1.4

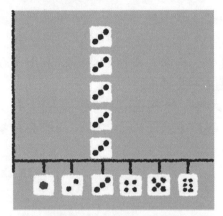

出現5個3點時

平均＝3
變異數＝0
標準差＝0

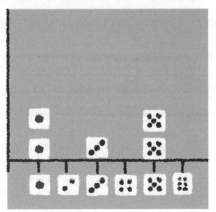

出現2個1點、1個3點、2個5點時

平均＝3
變異數＝3.2
標準差＝$\sqrt{3.2}$ ≒ 1.8

常態分布由平均和標準差決定

 那麼，接著我要說明用來表示差異程度的標準差，是多**方便**的數值！

 好的，我雖然已經知道計算方法，但完全不清楚標準差到底是什麼，或有什麼功用。

 在分析數據時，標準差是非常好用的數值。會這麼說，**是因為當圖形為常態分布時，其形狀僅由平均值和標準差這兩個特徵值就能決定。**

比方說，若標準差數值小，那麼大多數的數據就會集中在平均值附近，**分布範圍也較狹窄**。

相反地，當標準差數值大時，**分布範圍也較寬廣**。在下一頁的圖表中，顯示改變標準差和平均值時，常態分布會怎麼變化。

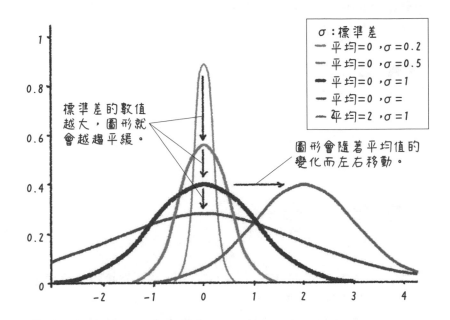

重點！

圖形為常態分布時

標準差小 → 分布範圍狹窄

標準差大 → 分布範圍寬廣

 喔喔！ 標準差越大，數據越分散，圖形也就越趨平緩，對吧？

 沒錯，就是這樣。而且平均值如果有變化，圖形的位置也會跟著左右移動。

此外，如果數據呈現常態分布時，標準差還有一個更加方便的特徵！

 ## 更方便的特徵？
是什麼呢？

 以標準差為基準，可以求得一個數據在某個範圍內的比例大約是多少！

 ## 嗯⋯⋯嗯？
等一下，我聽不太懂。

 比如說在常態分布中，約有**68%**的數據集中於平均值前後1個標準差的範圍內。
也就是說，**在「平均值±1個標準差」的範圍內，包含了整體約68%的數據。**

 原來有一半以上的數據會**落在平均值±標準差的範圍內啊！**

 同樣地，約有**95%**的數據會集中在「平均值±2個標準差」的範圍內。
這個結果做成圖表的話，則如下頁所示。

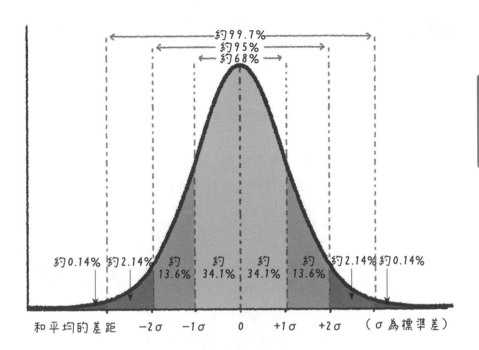

約99.7%
約95%
約68%

約0.14% 約2.14% 約 約 約 約 約2.14% 約0.14%
13.6% 34.1% 34.1% 13.6%

和平均的差距　　−2σ　−1σ　　0　　+1σ　+2σ　　（σ為標準差）

重點！

圖形為常態分布時

約68%的數據集中在平均值前後1個標準差的範圍內。

約95%的數據集中在平均值前後2個標準差的範圍內。

喔～！ 只要知道標準差和平均值，也就能知道有多少數據被包含在哪個範圍內，是嗎？

 沒錯！

比如說，假設某個班級平均身高為 170 公分，則標準差為 6 公分。

那麼，**即使沒有讓學生排列，也能知道那個班級約有68% 的學生身高在164～176公分的範圍裡面。**

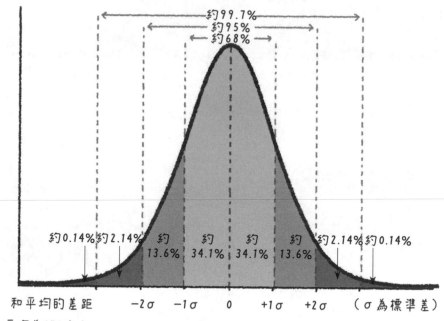

約99.7%

約95%

約68%

約0.14% 約2.14% 約13.6% 約34.1% 約34.1% 約13.6% 約2.14% 約0.14%

和平均的差距　　　　　-2σ　-1σ　0　+1σ　+2σ　（σ為標準差）

平均為170公分，
標準差為6公分時
的身高數據　　　　158cm 164cm 170cm 176cm 182cm

標準差也太厲害了！好方便啊！

嘿嘿嘿！

標準差透過和平均值搭配，就是一個能讓人推測出常態分布整體圖形的便利數值！

此外，在常態分布以外的分布中，也能將標準差當作基準來顯示差異。然而，剛剛提到的常態分布特徵：「約68％的數據集中在平均值前後1個標準差的範圍內」，在其他分布中並不成立。

現在我們已經了解標準差是一個多麼重要的特徵值。接著就來一起看看**股票投資**的例子吧！

股票投資！ 我只有聽長輩聊過，但因為沒學過，零用錢也很少，壓根就不敢想。

感覺好像會賠大錢有點可怕耶⋯⋯，股票這東西真的能賺錢嗎？

買了股票後，能透過企業營利的**分紅**，或是在股價上漲時**出售**股票而獲得利潤。

但是，當然也會有**損失**吧！

這是當然的。

買的股票價格下跌時，如果同時放棄持股，將股票賣出，就會產生損失。

我就是怕會發生那樣的事情，所以才連想都不敢想～
投資者都是關注什麼事情來作為選股的指標呢？

要看出會賺錢的股票非常困難，並沒有什麼簡單的方法。
但**投資股票時必須關注的，就是平均和標準差。**

標準差！？剛剛提到的那個！

是的。股票的價格如果比當初購買時上漲，那部分就會成為**潛在利潤**。
比如說，一股200日圓的A股上漲了20%（變化率20%），
那麼**200日圓×0.2＝40日圓**就是獲得的利潤。

嗯嗯。

在實際探討投資股票時，常運用以一定期間的股價變化為基礎的「**平均變化率**」。這個數值也被稱為「**期望報酬率**」（expected rate of return）。
比如說，平均變化率為5％時，就是指股價到目前為止以1年約5％的速度上漲。

也就是說，那是將股價一直以來的變化平均後的數值囉！
這樣的話，變化率越高的股票，今後價格上漲的可能性也
越大嗎？！
因為變化率高表示股價到目前為止是大幅上漲的情況。

平均變化率高的話，的確可以說是相當被看好的股票。
但是**只關注變化率是非常危險的。**
舉例來說，假設有滿足下列①②條件的Ａ股和Ｂ股。

① 股票的平均變化率皆為5%。
② A股變化率的標準差為2%。
   B股變化率的標準差為10%。

嗯嗯。

那麼，Ａ股和Ｂ股應該要買哪一個呢？

嗯～**完全不知道。**

首先來看①，如果買了100萬元的股票，不管哪一個1年後
都會上漲到105萬日圓，在此時間點出售的話就能預期
賺進5萬日圓。

哇～那不是很棒嗎？

不過我的紅包沒那麼多，就算我倒立也沒辦法從口袋掉出
100萬日圓來買股票啦！

如果只看①的話，A股和B股看起來沒什麼不同。

接著一起來思考看看②。所謂「變化率的標準差」，是指「實
際的變化率數值，到底分散在平均變化率周圍的哪些範圍
內」。

這就表示，**「A股變化率的標準差為2%」是指「股價以平
均變化率5%為中心，在上下2%範圍內變動的情形較
多」**。A股變化率的分布圖如下所示。

之前提到在常態分布中，平均值±1個標準差的範圍內包
含了**約68%**的數據，對吧！

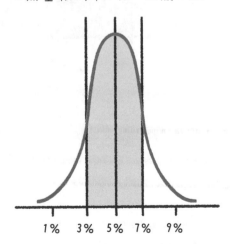

A股變化率的分布
（期望報酬率5%，風險2%）

1% 3% 5% 7% 9%

也就是說，A股的變化率多在**3～7%的範圍內**波動嗎？

沒錯。此外，也會有變化率超出範圍，在2倍標準差的範圍內，落在1%或9%的罕見情況。

若以同樣的方式來思考，就能知道「**B股變化率的標準差為10%**」**是指B股多在-5%～15%的範圍內波動，而且也會有超出範圍成為-15%或25%的罕見情況**。B股變化率的分布圖如下圖所示。

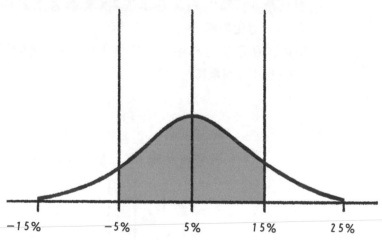

B股變化率的分布
（期望報酬率5%，風險10%）

-15%　　　　-5%　　　5%　　　15%　　　25%

原來B股有可能大幅波動啊！

變化率為-5%就表示100萬日圓的話會**損失5萬日圓**吧……。

是的。B股的股價有可能上漲15%，但另一方面，持股的人也需要有變化率為負（＝虧損）的覺悟。

以上所提到的「股價變化率的標準差」，我們稱之為「**風險**」或是「**波動度**」（**volatility**）。
然後像B股一樣，股價有可能會大幅上漲或下跌的就稱為「**高風險股票**」。

嗯⋯⋯，我比較保守，應該會選Ａ股吧！

嘿嘿！ A股和B股的平均變化率都是5%，所以預期的報酬都相同。但是我們能說B股風險較高，A股風險較低。
就像之前說的，標準差是評估股票風險時重要的指標。

喔～從標準差能知道股票的風險啊！
如果將來開始玩股票的話會拿來參考的！

如果有像A股和B股一樣，變化率相同但風險不同的兩種股票，投資者會選擇購買風險低的股票。
此外，**如果有風險相同，但平均變化率不同的股票，那麼投資者一定會買平均變化率高的股票。**
如果投資者持續以這樣的方法購買股票，那麼股票市場就只會剩下「變化率高，風險也高（高風險、高報酬）」和「變化率低風險也低（低風險、低報酬）的股票」了。

像低風險、高報酬這種好處多多的股票，果然馬上就賣光了啊……。

是啊……，高風險高報酬的股票由於平均變化率高，能預期帶來高獲利，但股價波動大而虧損的可能性也很大。

另一方面，低風險、低報酬的股票平均變化率低，僅能獲得微薄的收益，然而虧損的可能性便相對較小。

從這些方面決定要買哪個股票，**取決於投資者的判斷**。「穩賺不賠」的股票並不存在，不論買哪一個股票，一定都會有虧損的風險。

想要穩賺不賠果然很難！
這個世上本來就沒有這麼容易的事情啊！

順帶一提,其實還是有**降低風險的方法**。
美國經濟學家**馬寇維茨**(Harry Markowitz,1927~),
在1952年還是經濟學系碩士班研究生時,發表了**「現代投資組合理論」**(modern portfolio theory,MPT),指出透過組合多個股票,便能控制風險且增加變化率。馬寇維茨也因為這個成就於1990年榮獲諾貝爾經濟學獎。

研究生的研究居然能獲得諾貝爾獎,真厲害!

STEP 2

來計算考試的偏差值吧!

在參加考試時常聽到的「偏差值」一詞,大家應該都不陌生吧?
這個偏差值和「標準差」息息相關。在本節中將針對偏差值,及
其計算方法進行介紹。

參加考試時常見的「偏差值」是什麼?

既然你已經學會標準差,那麼終於要換**偏差值**登場了。

偏差值啊⋯⋯, 在考高中時一直讓我煩惱的那個
東西啊!所以偏差值到底是什麼?
雖然我知道考試分數越高,偏差值也越高啦⋯⋯。

偏差值和考試密不可分。
**所謂的偏差值,就是利用常態分布的觀點,將成績標準化
的數值。**

成績的標準化?

是的。就是顯示自己的成績在整體中哪個位置。只用文字說明會有點難以理解，我舉個具體的例子來一起思考吧！
假設你考試考了75分，考試分數按照常態分布來看，平均為65分，標準差為5分。

我考得比平均分數高耶！

75分的話就表示比平均高2個標準差（5分×2=10分）。這裡我們再重新觀察一次常態分布和標準差的關係吧！

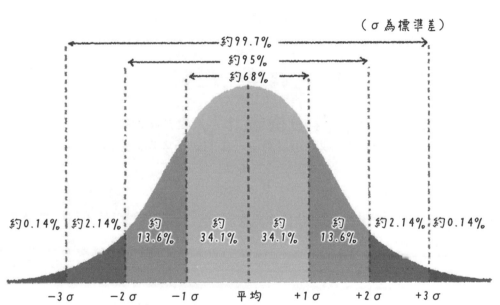

（σ 為標準差）

約99.7%

約95%

約68%

約0.14% 約2.14% 約13.6% 約34.1% 約34.1% 約13.6% 約2.14% 約0.14%

−3σ　　−2σ　　−1σ　　平均　　+1σ　　+2σ　　+3σ

從常態分布的性質來看，比平均分數高出2個標準差就表示落在整體**前2.3%**的位置。

這樣就能知道75分是非常優異的成績。由此可知，偏差值能讓我們知道每位考生的成績在整體中的哪個位置。

嗯嗯。

具體來看的話，首先，我們先以**偏差值50**為基準。

然後，**考試分數比平均分數每高1個標準差就加10，每低1個標準差就減10。**

像剛才的75分，比平均分數高2個標準差，所以偏差值就是2×10＋50＝70。

那假設分數比平均65分低1個標準差，是60分的話，就是－1×10＋50，**偏差值是40**，對嗎？

你理解得很快嘛！ 就是那樣沒錯！

總結來說，我們可以用下一頁的式子求得偏差值。

重點！

$$偏差值 = \frac{分數 - 平均}{標準差} \times 10 + 50$$

 偏差值的各個數值在整體中的位置如下圖所示。
從偏差值40（－1σ）到偏差值60（＋1σ）的範圍內，包含了整體**68%**的數據。

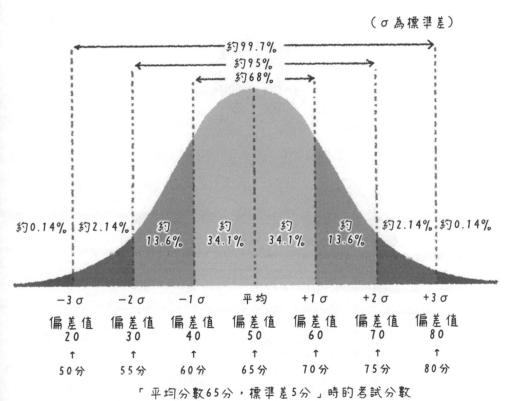

「平均分數65分，標準差5分」時的考試分數

只要利用偏差值，就算是平均分數或標準差不同的考試，也能比較自己的分數相對落在哪個位置。

 喔～我大概可以了解偏差值是什麼了。

偏差值是這樣計算的！

那麼接下來，我們一起從100人的考試結果，實際看要怎麼求得**所有人的偏差值**吧！

100人！ 感覺會算得很辛苦耶！

下圖是100人的考試結果**一覽表**。

表1. 100人的考試結果

20	21	25	26	28	31	31	34	36	37
37	38	39	41	41	42	43	44	45	45
47	48	48	49	49	49	50	50	51	51
52	52	53	54	54	55	55	55	56	57
57	58	58	59	59	59	60	60	60	60
60	61	61	61	62	62	62	63	64	64
65	65	65	66	66	67	68	68	68	69
69	69	70	70	71	71	71	72	74	74
74	75	76	77	78	78	79	80	80	81
83	83	84	86	87	89	92	94	97	100

就是從這裡來求得所有人的偏差值，對吧！
那我要先從哪裡開始算起呢？

第一步，先求平均分數。
首先，將所有人的分數加起來後再除以總人數。

$$平均分數 = \frac{20 + 21 + 25 + \cdots\cdots + 100}{100}$$
$$= 60$$

首先算平均……，**平均分數是60分**呢！

接下來，把每個人的分數分別和平均分數60分相減，求出
每個人**分數和平均分數的差距（偏差）**。

表2. 每個人的分數和平均分數的差距

-40	-39	-35	-34	-32	-29	-29	-26	-24	-23
-23	-22	-21	-19	-19	-18	-17	-16	-15	-15
-13	-12	-12	-11	-11	-11	-10	-10	-9	-9
-8	-8	-7	-6	-6	-5	-5	-5	-4	-3
-3	-2	-2	-1	-1	-1	0	0	0	0
0	+1	+1	+1	+2	+2	+2	+3	+4	+4
+5	+5	+5	+6	+6	+7	+8	+8	+8	+9
+9	+9	+10	+10	+11	+11	+11	+12	+14	+14
+14	+15	+16	+17	+18	+18	+19	+20	+20	+21
+23	+23	+24	+26	+27	+29	+32	+34	+37	+40

 然後，以此為依據再求出**變異數和標準差**。

 啊，我忘了要怎麼求變異數和標準差了。

首先，將每個人分數和平均分數的差（偏差）平方後全部相加，再除以總人數，就可求得**變異數**。利用表2中的數值來算的話……

$$變異數 = \frac{(-40)^2 + (-39)^2 + \cdots\cdots + 40^2}{100}$$

$$\fallingdotseq 290.7$$

這樣算下來……，變異數是**290.7**。

啊！這麼一說我想起來了，**標準差**是不是把變異數開根號求得的數值？

答對了！

$$標準差 = \sqrt{290.7}$$

$$\fallingdotseq 17.0$$

所以標準差為 **17.0**。這就表示，本次的考試結果，可以當作是**按照平均分數60分，標準差17.0形成的常態分布**來看！

嗯嗯！就是說根據到目前為止的計算，我們能掌握這次的數據是怎麼分布的，對吧！

對，你說的沒錯。接下來終於要準備求出**偏差值**了！
先複習一下，我們可以利用 $\dfrac{分數-平均}{標準差} \times 10 + 50$ 這個式子算出偏差值。

呃……，「分數－平均」是表2求得的數值，對吧！
然後，標準差是17.0……。
所以將表2的數值除以17.0，然後乘以10，再加上50就可以了嗎？

對，就是那樣！
以這個方式計算的結果如下頁表3所示。

表1. 100人的考試結果

20	21	25	26	28	31	31	34	36	37
37	38	39	41	41	42	43	44	45	45
47	48	48	49	49	49	50	50	51	51
52	52	53	54	54	55	55	55	56	57
57	58	58	59	59	59	60	60	60	60
60	61	61	61	62	62	62	63	64	64
65	65	65	66	66	67	68	68	68	69
69	69	70	70	71	71	71	72	74	74
74	75	76	77	78	78	79	80	80	81
83	83	84	86	87	89	92	94	97	100

表2. 每個人的分數和平均分數的差距

-40	-39	-35	-34	-32	-29	-29	-26	-24	-23
-23	-22	-21	-19	-19	-18	-17	-16	-15	-15
-13	-12	-12	-11	-11	-11	-10	-10	-9	-9
-8	-8	-7	-6	-6	-5	-5	-5	-4	-3
-3	-2	-2	-1	-1	-1	0	0	0	0
0	+1	+1	+1	+2	+2	+2	+3	+4	+4
+5	+5	+5	+6	+6	+7	+8	+8	+8	+9
+9	+9	+10	+10	+11	+11	+11	+12	+14	+14
+14	+15	+16	+17	+18	+18	+19	+20	+20	+21
+23	+23	+24	+26	+27	+29	+32	+34	+37	+40

表3. 所求得的偏差值

26.5	27.1	29.4	30.0	31.2	32.9	32.9	34.7	35.9	36.5
36.5	37.1	37.6	38.8	38.8	39.4	40.0	40.6	41.2	41.2
42.4	42.9	42.9	43.5	43.5	43.5	44.1	44.1	44.7	44.7
45.3	45.3	45.9	46.5	46.5	47.1	47.1	47.1	47.6	48.2
48.2	48.8	48.8	49.4	49.4	49.4	50.0	50.0	50.0	50.0
50.0	50.6	50.6	50.6	51.2	51.2	51.2	51.8	52.4	52.4
52.9	52.9	52.9	53.5	53.5	54.1	54.7	54.7	54.7	55.3
55.3	55.3	55.9	55.9	56.5	56.5	56.5	57.1	58.2	58.2
58.2	58.8	59.4	60.0	60.6	60.6	61.2	61.8	61.8	62.4
63.5	63.5	64.1	65.3	65.9	67.1	68.8	70.0	71.8	73.5

考到最低分20分的人，比平均低40分，其**偏差值26.5**啊……，而和平均分數相同為60分的人，他們的**偏差值是50**。

然後考最高分100分的人，比平均高40分，其**偏差值是73.5**呢！

是啊！像這樣一個個計算實在很辛苦，因此實際上會使用**表格計算軟體程式**來算。

另外，<mark>考試結果會因考試形式不同而無法變成常態分布，就算求出偏差值也有可能無法得到和剛才相同的比例，所以必須小心。</mark>

極端的數據會造成偏差值超過100

 老師，那再請問一下，**偏差值最高**會到多少啊？
我曾經看過大約到75的數值（朋友的），但沒看過比這個更高的數字。

 那麼，我們來看看下面這個例子吧！
假設在某個100人參加的考試中，除了自己以外，大家都10分，**只有自己考到100分**。

 這也太強了！是班上的英雄啊！

在這個條件下會算出**平均值是10.9，標準差是8.95**。
那麼，請計算考100分時的偏差值。
公式是**偏差值 = $\dfrac{\text{分數}-\text{平均}}{\text{標準差}} \times 10 + 50$**喔！

 嗯，代入這個公式的話……

$$偏差值 = \frac{100-10.9}{8.95} \times 10 + 50$$
$$\fallingdotseq 149.6$$

 欸！？ 偏差值149.6！？
是我算錯了嗎？

 不是，答案是對的喔！像在這種極端的條件下，偏差值也
可能會超過100。**偏差值沒有上限，隨著條件不同，也有可
能超過1000呢！**

 偏差值超過100 ！ 好像在搞笑漫畫裡才有的
情節喔！

從常態分布來看偏差值100的話，大概是在優異成績中**約0.00003%**的位置。然而，如果條件像在這裡介紹的考試結果這麼極端的話，那麼，分數的分布就不會呈現出常態分布了。

所以0.00003％這個數值是不可靠的。**在現實生活的考試中，偏差值最高也幾乎只到80而已。**

 什麼嘛～原來偏差值100在現實生活中幾乎不存在的啊！那麼**偏差值80**，大概會在成績前幾％呢？

 大約0.1％。

1000人裡面才1人啊！非常少呢……
那反過來說，**偏差值最低**會到多少呢？

跟剛剛一樣，來思考看看下面這個例子吧！
假設在100人參加的考試中，除了自己以外大家都是100
分，**只有自己考10分**。

哇～！

在這個條件下，算出平均分數是**99.1**，標準差是
8.95。那麼10分的偏差值是？

嗯，用剛才的公式來算的話……

$$偏差值 = \frac{10 - 99.1}{8.95} \times 10 + 50$$

$$≒ -49.6$$

哇！ **偏差值是負數！？**

是的，**偏差值也沒有下限。因此也有可能出現負的偏差值喔！**

 ## 偏差值既沒有上限，也不存在下限！
這真是名言佳句呢！

 只要不是相當極端的分數分布，也是不可能出現負的偏差值啦！

挑戰計算偏差值的問題！

 我想你也差不多清楚怎麼運用偏差值了，那麼就來挑戰問題吧！

 ## 我真的能算得出來嗎……？

 ## 你絕對沒問題的！
那麼要開始囉！

問題

田中、中村、橋本、佐藤和木村是高中3年級的學生，也都是射箭部的成員。

5人參加一場比賽，1支箭射中標靶得10分，以射出10支箭的總分來競爭。

5人的比賽結果如下：

	田中	中村	橋本	佐藤	木村
得分	60	50	80	40	20
偏差值	?	?	?	?	?

每個人的偏差值分別是多少呢？

誒誒誒誒～

突然要我求偏差值……，這是要怎麼計算啊……。

剛剛才算過的啊！你看，就和求考試分數的偏差值是一樣的喔！

嗯……，應該是要先求出平均分數吧！

$$平均分數 = (60 + 50 + 80 + 40 + 20) \div 5$$
$$= 50$$

平均分數是50分！

沒錯！

呃……再來是……？

用下一頁的公式求出變異數、標準差以及偏差值。

$$變異數 = \frac{(第1位得分-平均分數)^2 + \cdots + (第5位得分-平均分數)^2}{參加人數}$$

$$標準差 = \sqrt{變異數}$$

$$偏差值 = \frac{分數-平均}{標準差} \times 10 + 50$$

對啦對啦！就是這些公式！
那麼首先要算出**變異數**，我先代入公式計算看看。

$$
\begin{aligned}
變異數 &= \{(60-50)^2 + (50-50)^2 + \\
&\quad (80-50)^2 + (40-50)^2 + \\
&\quad (20-50)^2\} \div 5 \\
&= \frac{100+0+900+100+900}{5} \\
&= 400
\end{aligned}
$$

算出來了！ **變異數是 400**。

171

那標準差是多少呢？

 只要開根號就能算出，所以**標準差是20！**

$$標準差 = \sqrt{變異數} = \sqrt{400} = 20$$

 非常好喔！
接下來最後請計算5人的偏差值。

 首先，得到60分的田中是……

$$
\begin{aligned}
偏差值 &= \frac{60-50}{20} \times 10 + 50 \\
&= \frac{10}{20} \times 10 + 50 \\
&= 5 + 50 \\
&= 55
\end{aligned}
$$

田中的偏差值是55，感覺比一般成績好一點點？

正確答案！

用同樣的方式計算其他4人的偏差值，結果就像下面這樣。

	田中	中村	橋本	佐藤	木村
得分	60	50	80	40	20
偏差值	55	50	65	45	35

非常完美！

太好了！ **我總算掌握住如何計算偏差值了！！**

數學之王：**高斯**

高斯（Johann Gauss，1777～1855）是德國數學家，被譽為「數學之王」。他在各種數學領域中留下了豐功偉業，在天文學和物理學方面也有活躍的表現。

高斯出生於德國布藍茲維（Braunschweig）。據說在他10歲的時候，學校老師提出了一個問題：「1到100所有數字相加是多少？」他當場就解開題目，讓老師嚇了一跳。高斯用1＋100＝101，2＋99＝101，3＋98＝101⋯49＋52＝101，50＋51＝101的方法，得到總共有50個101的結果，因此以101×50＝5050計算出答案。

發現正17邊形的作圖方法

1796年，高斯在就讀哥廷根大學時，發現只用尺和圓規就能畫出正17邊形的方法。自古以來正三角形和正五邊形的作圖方法廣為人知，但除此之外，邊數為質數（prime number）的正多邊形作圖方法卻沒人發現。高斯藉此開始將自己在數學領域的新發現記載於科學日記。這本日記在高斯逝世後43年才被公諸於世。其內容相當驚人，顯示高斯的知識比當時的數學界領先了約1個世紀。

高斯特別致力於數論（number theory）的研究。其中，他闡明了關於質數，以及a＋bi表示的複數（complex number）重要性質。

1801年，高斯出版了生涯最偉大的著作《算術研究》（*Disquisitiones Arithmeticae*）。這本書將數論有系統地整理編輯，為其往後的研究帶來了深刻的影響。

精準預測小行星穀神星的位置

　　高斯不單純只對數學有興趣，更延展到天文學、測地學
（geodesy）、電磁學（electromagnetics）等實用方面。

　　1801年1月1日義大利巴勒摩天文台台長皮亞齊
（Giuseppe Piazzi，1746～1826）發現了小行星穀神星
（Ceres）。然而在觀測幾天後，穀神星竟然消失無蹤。高
斯僅利用數晚的觀測結果，埋頭計算穀神星將再次出現的
位置。最後穀神星也真的出現在他所預言的位置。1809
年，高斯發表了《天體運動論》，統整了計算天體軌道的方
法。其中，他明白指出觀測的誤差呈現常態分布。

STEP 3

越有錢壽命越長！？ 分析兩項數據的關係！

當想要了解兩個數量之間的關係時，統計也能發揮功能。透過分析兩個數量的「相關關係」（correlation），便能知道各種數據間的相互關聯性。

用來表示數據關係的「相關」

接下來換個話題，我來針對兩個數據的關係進行說明吧！

關係？

對。想要知道兩個數據的關係時，統計也是一個非常有用的方法。

比如說，個人所得和平均壽命、天候和農作物產量等等。取得所有數據並進行查證，能看清各式各樣的情況。

所得和平均壽命的關係啊……。

 比如說，下頁圖表是全球2012年的「**每人所得**」和「**平均壽命**」的關係，按照每一個國家和地區統整編輯而成的。

透過所得和平均壽命所觀察的世界各國

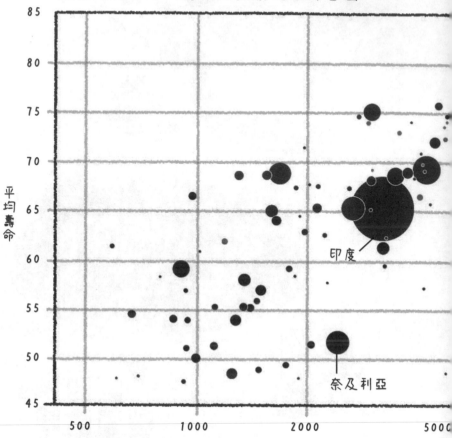

平均壽命

印度

奈及利亞

85
80
75
70
65
60
55
50
45

500   1000   2000   5000

每人的年度所得（美元）※橫軸為對數

橫軸為**每人所得**，縱軸為**平均壽命**。
然後圓的面積表示各個國家、地區的**人口**。
仔細觀察這個圖表，有沒有發現所得和平均壽命之間存在
某種關係？

178

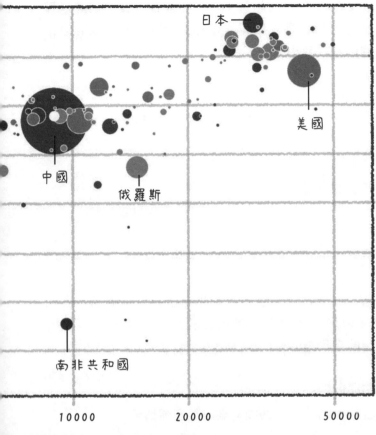

日本

美國

中國

俄羅斯

南非共和國

10000　　　　　20000　　　　　50000

本圖依據http://www.gapminder.org/所製成。

（認真觀察中）

嗯……，感覺整體逐漸往右上方排列分布……。

這樣是不是就表示每人的年度所得越高，平均壽命越長？

沒錯。觀察這個圖表就能知道，每人所得越高的國家和地區，有平均壽命越長的趨勢。如上面所說，**當兩個數量其中一個數量增加，另一個數量也呈直線變化時，我們便會說這兩個數量「有相關性」。**

相關性……。

那在這個例子中，**就是說每人的年度所得和平均壽命有相關性**，對嗎？

對，正是那個意思。

那為什麼年度所的和平均壽命會有**相關性**呢？

一般而言，每人所得越多，代表生活也會變得富足，國家所得跟著增加，進而在維持治安和醫療制度方面投入資金，國民的平均壽命也就因此變長。

原來如此～

製成圖表觀察的話，真的能夠看出很多事情呢！

對啊！像上一頁顯示兩個數據關係的圖表，我們稱為**散布圖**（scatter plot）。

但仔細觀察每個國家和地區後，我發現也有些地方未必如此呢！

比如說**中國**和**南非共和國**，每人所得雖然幾乎相同，但平均壽命卻相差了20歲。

 像這樣的比較方法，可以評估國家的所得是否適當地回饋給國民。

透過觀察散布圖的細節，能讓我們了解各種情況喔！

一起來調查關係強度吧！

那麼，我們繼續仔細觀察相關關係吧！像剛剛提到的所得和平均壽命，**將兩個數量分別放在散布圖中的縱軸和橫軸，接著觀察當一方的數量增加時，另一方的數量會如何變化。**

隨著一方增加，另一方也直線增加時，我們稱兩者之間有
「**正相關**」（positive correlation）。
隨著一方增加，另一方直線減少時，則稱兩者之間有
「**負相關**」（negative correlation）。

那如果兩個都不是的情況呢？

我們會說兩者「**無相關**」。
我來出個問題。右頁中有4個數據：Ａ、Ｂ、Ｃ、Ｄ。其中正相關、負相關，和沒有相關性的分別是哪個數據？

唔，首先我覺得Ａ似乎是往右上方上升，所以是**正相關**吧？然後Ｂ……嗯，雖然比起Ａ分布更加分散，但看起來**像是正相關**。
Ｃ的話不太清楚，是**無相關**？
再來Ｄ的話，往右下方減少，所以是**負相關**吧？

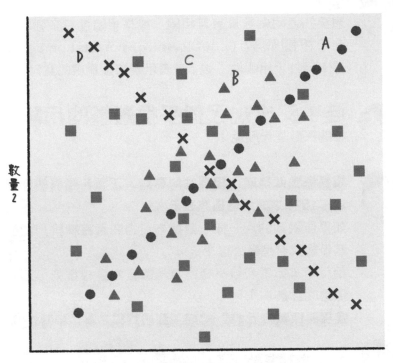

數量2

數量1

每個都答對了！

嗯……，光看圖表，很難一眼看出有沒有相關性呢！特別是像C一樣分散的話，根本搞不清楚到底有沒有相關性。沒有**能更簡單辨別的方法**嗎？

有的！

想要知道兩個數量有無相關，或是相關性有多強時，可以利用**相關係數**（coefficient of correlation）這個特徵值！另外，相關性「強」就表示越接近直線的意思。

哇！又出現了似乎很難懂的用詞。

相關係數是什麼呢？

相關係數就是顯示相關性的有無、正負和強弱的特徵值，以−1到1之間的數值來表示。

如果像剛剛的Ａ一樣，數據為正相關且直線排列的話，相關係數就會是最大值1。

相反地，如果和Ｄ一樣是負相關且為直線排列，那麼相關係數就會是−1。

當相關係數接近1或−1時，我們就稱之為「相關性強」。

那「**相關性弱**」的話會怎麼樣呢？

那就會像Ｂ或Ｃ一樣，**隨著數據分散，相關性變弱，相關係數也就漸漸地趨向於零。**

Ｂ的相關係數為0.8，Ｃ的相關係數為0。因此Ｃ是**完全沒有相關性**的。

原來只要看相關係數，**就能馬上知道**相關性的強度有多少啊！

很厲害吧！

一般來說，有時並未以圖表顯示，而是會直接寫出「兩個數量有相關性」等敘述的情況。由於相關性有強弱之分，所以這時就有必要好好確認相關係數。

重點！

相關係數： -1以上但不到0
▷有負相關（越接近-1則相關性越強）
　圖表中顯示為往右方下降

相關係數：幾乎為0
▷無相關

相關係數：比0大但在1以下
▷有正相關（越接近1則相關性越強）
　圖表中顯示為往右方上升

相關係數是表示數據關聯性的重要數值呢。
那要怎麼做才能求出相關係數？

好，我們馬上來看看相關係數的算法吧！
但計算方法有點複雜，你要努力跟上喔！

算、算法很難啊……。**我會加油的！**

右頁是由小學生身高（x公分）和體重（y公斤）所形成的
散布圖，圖中共有9個數據。
身高的平均值為**130公分**，體重的平均值為**30公斤**。
以此為依據來求出相關係數吧！

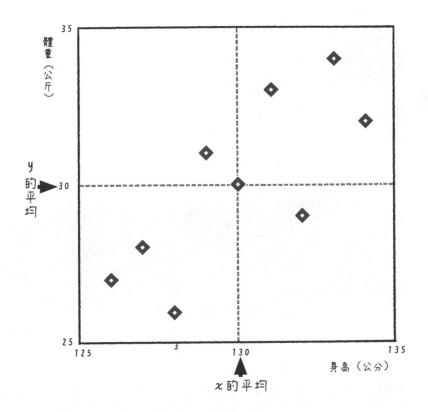

從圖表來看，感覺兩者之間好像有正相關耶！

是啊！**想要求出相關係數，首先必須算出名為「共變異數（covariance）」的數值。**我們可以利用**共變異數**來算出相關係數喔！

共變異數？

對。**共變異數就是顯示從平均來看，數據往哪個方向分散的特徵值。**
能從下一頁的公式求出。

$$共變異數 = \{(數據_1的 x 座標偏差) \times (數據_1 的 y 座標偏差)$$

$$+ (數據_2 的 x 座標偏差) \times (數據_2 的 y 座標偏差)$$

$$\vdots$$

$$+ (數據_n 的 x 座標偏差) \times (數據_n 的 y 座標偏差)\}$$

$$\times \frac{1}{n}$$

首先，將各數據的 x 座標偏差和 y 座標偏差相乘後，再算出數值。**其數值的平均就是共變異數。**

啊～！
老師，我完全聽不懂！

沒關係！我們實際利用圖中的數據一個一個算出來吧！

那麼一起來看（$x = 133$，$y = 34$）這個數據。首先，先從這個數據的 x 座標（身高）扣掉 x 座標的平均值（身高平均值），求出 x 的偏差。

同樣地，再從 y 座標（體重）扣掉 y 座標的平均值（體重平均值），求出 y 的偏差。

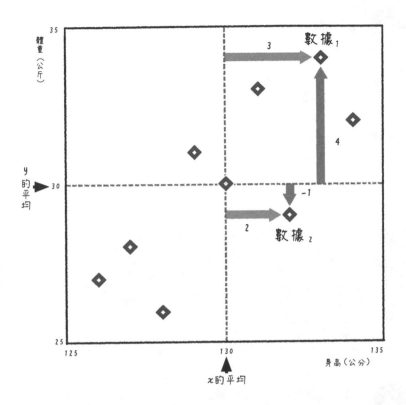

$$數據_1：x = 133，y = 34$$
$$x的偏差為133 - 130 = 3$$
$$y的偏差為34 - 30 = 4$$

數據$_1$的x的偏差為3，y的偏差為4。
將兩者相乘，則**偏差的乘積為12**。**利用所有的數據算出偏差的乘積後，再求其平均。**

什麼！？ 全部的數據都要算？這樣很花時間耶！

 加油！總之，請試算數據$_2$（$x＝132$，$y＝29$）的x和y的偏差乘積。

 呃，數據2算出來是……

數據$_2$：$x = 132$，$y = 29$

x的偏差為$132 - 130 = 2$

y的偏差為$29 - 30 = -1$

 x的偏差為2，y的偏差為－1。
再將兩者相乘，則**偏差的乘積為－2**。

 對，就是那樣！很簡單吧？
利用圖中9個數據計算偏差的乘積，所得到的結果如下頁
將偏差的乘積平均之後，可得答案為**5.1**。
這個數值正是共變異數。

數據	身高(x)	x的偏差	體重(y)	y的偏差	偏差乘積
1	133	3	34	4	12
2	132	2	29	−1	−2
3	134	4	32	2	8
4	131	1	33	3	3
5	130	0	30	0	0
6	129	−1	31	1	−1
7	128	−2	26	−4	8
8	127	−3	28	−2	6
9	126	−4	27	−3	12
平均	130	0	30	0	5.1

嗚嗚,好累。雖然說為了求出相關係數而需要共變異數,但為什麼一定要先求出共變異數呢?

因為我們可以透過共變異數的正負,來判斷有正相關還是負相關。

當數據往右上升有正相關時,共變異數也就會是正數。另一方面,若往右下降時有負相關,共變異數也就會是負數。

原來如此。為什麼透過計算共變異數，就能夠知道這些事情呢？

比如說，像剛剛的數據2，從平均值的座標來看，若數據的位置在**右下方**時，x 的偏差為正，y 的偏差為負。因此**兩者乘積為負**。

同樣地，從平均值的座標來看，若數據的位置是在**左上方**時，由於 x 的偏差為負，y 的偏差為正，因此**兩者乘積為負**。

嗯嗯！**從平均來看，位於右下或左上的數據，偏差的乘積都是負數呢！**

另一方面，若數值位在平均值的**右上方**，x 的偏差為正，y 的偏差也為正，那麼兩者乘積也為正。

此外，數據在**左下方**時，x 的偏差和 y 的偏差皆為負，因此兩者乘積也會為正。

喔喔！意思就是**從平均來看，當數據位在右上方和左下方時，偏差的乘積就是正數。**

沒錯，這也就表示圖中紅色區域的數據較多時，**共變異數會是正數**。此時，整體分布會**往右上升**。

另一方面，白色區域的數據較多時，**共變異數則會是負數**。此時，整體分布就會**往右下降**。

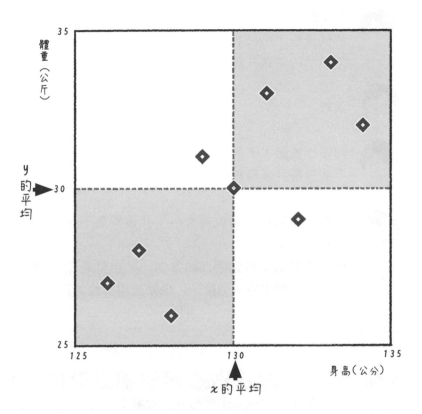

重點！

數據多在平均值座標的右下或左上時
→ 共變異數為負 = 負相關

數據多在平均值座標的右上或左下時
→ 共變異數為正 = 正相關

原來如此。
也就是說，將往右上升或往右下降的散布圖轉換成**正負數**來表示的就是共變異數。

沒錯。

那這樣的話，不就不需要相關係數了嗎？
不能只看共變異數嗎？

隨著原本數據的單位或大小，共變異數不只會變大，也會有變小的情況。
從共變異數可得知關係的方向 —— 也就是正負相關。然而卻很難推測出關係強度 —— 也就是相關性的強弱。

嗯嗯。

所以，**相關係數是無法被忽略的！** 為了求出相關係數，就必須要有共變異數！

好、好的！

將共變異數除以 x 和 y 的標準差乘積就能求得相關係數。
其公式如下：

$$相關係數 = \frac{共變異數}{x的標準差 \times y的標準差}$$

 我知道了。那麼，如果用剛才的身高和體重數據來求相關係數的話會怎麼樣呢？

 首先，利用剛剛的數據可算出 x 的標準差為2.58，y 的標準差為2.58。
而共變異數是5.1，因此相關係數則為
$5.1 \div (2.58 \times 2.58) \fallingdotseq 0.77$。

 # 好不容易終於走到求出相關係數這一步。 這條路好長啊！數值很接近1呢！

 是啊！
從這個相關係數來看，我們可以說剛剛的身高和體重數據
有強烈的正相關。

195

接下來，我們來看看相關關係的應用實例吧！

經濟學家**阿申費爾特教授**（Orley Clark Ashenfelter，
1942～）是一位葡萄酒愛好者。他利用相關預測了葡萄酒
的價格。

預測葡萄酒的價格？

是的。葡萄酒有的1瓶1000日圓左右，但也有超過數十萬
日圓的等級，這個差別取決於**葡萄酒的味道**。隨著生產
年份不同，葡萄酒的味道會有很大的差異。除此之外，味
道還會隨著時間流逝而變化。

喔喔！

阿申費爾教授調查了幾個與葡萄酒有關的因素，發現有四項因素對葡萄酒有極大的影響。

 教授真的很愛葡萄酒啊！
那他發現了什麼因素呢？

 以下就是這四項因素。

(A) 原料葡萄的採收前年度「10月～翌年3月的雨量」

(B) 原料葡萄的生產年度「8月、9月雨量」

(C) 原料葡萄的生產年度「4月～9月的平均氣溫」

(D) 葡萄酒的年齡（製造後經過的年數）

 將這四項因素和葡萄酒價格的關係轉換為圖表後，會像下頁這樣。

A.「採收前年10月～翌年3月的雨量」和價格

採收葡萄的前年冬季降雨量越多，
價格有越高的趨勢（正相關）。

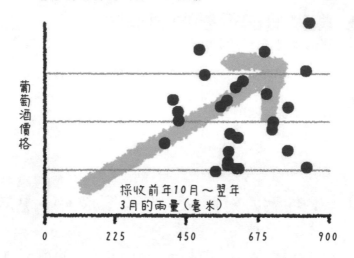

採收前年10月～翌年
3月的雨量（毫米）

B.「8月～9月的雨量」和價格

培育葡萄的夏季降雨量越多，
價格有越低的趨勢（負相關）。

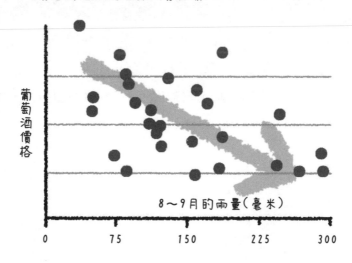

8～9月的雨量（毫米）

C. 「4月～9月的平均溫度」和價格

培育葡萄的夏季氣溫越高,價格
有越高的趨勢(正相關)。

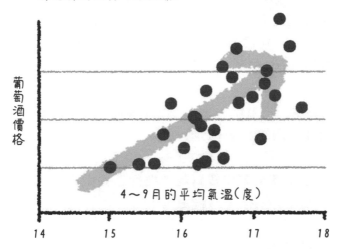

葡萄酒價格

4～9月的平均氣溫(度)

14　15　16　17　18

D. 「葡萄酒年齡」和價格

葡萄酒在製造後保存越久,價格
會有上升的趨勢(正相關)。

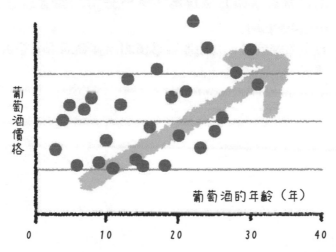

葡萄酒價格

葡萄酒的年齡(年)

0　10　20　30　40

A、C、D有上升的趨勢啊……，B則是下降嗎？

是啊！比如 A 的情況中，採收葡萄的前年冬季雨量越多，葡萄酒的價格也越高。這就是**正相關**。
相反地，在 B 的情況中，我們可以知道採收葡萄那年8月到9月的雨量越多，葡萄酒的價格也越低。這就是**負相關**。

原來如此。所以透過仔細考量這四項因素，就能預測葡萄酒的價格，對吧！

完全正確。阿申費爾特教授從這些散布圖，導出右頁的**「葡萄酒價格方程式」**。

教授太厲害了！
把實際的雨量和平均氣溫帶入方程式的話，就能預測葡萄酒的價格，是嗎？

是的！**像這樣從散布圖上的數據導出方程式表示其關係，這種統計學的方法稱為「迴歸分析」（regression analysis）。**
利用迴歸分析，我們能容易預測出葡萄酒未來是否具有高價值。

（前年10月～翌年3月的雨量）　× 0.00117

－　　（8月、9月的雨量）　× 0.00386

＋　（4月～9月的平均氣溫）　× 0.616

＋　　（葡萄酒的年齡）　× 0.02358

－　12.145

＝

表示葡萄酒價格的指數

這個預測葡萄酒價格的方程式，是怎樣從散布圖中導出來的呢？

哇，你很好學喔！
那我再更仔細說明一下迴歸分析的具體方法吧！這個屬於進階內容，如果覺得很難懂，到206頁為止可以跳過不看沒關係喔！

好的，那麼麻煩老師了。

阿申費爾特教授所使用的手法是「**多元迴歸分析**」（multiple regression analysis），**能導出擁有3項因素以上的方程式**。

剛剛雨量、平均氣溫和葡萄酒年齡等因素都出現了呢！

沒錯。只是若要在這裡說明多元迴歸分析的話，難度太高了，我還是用之前提到的小學生的身高和體重數據，來進行**迴歸分析**吧！

我記得結果好像是身高和體重有**正相關**，對吧？

對，這次迴歸分析的目的，是假設身高為 x，體重為 y，然後**用方程式 $y = a + bx$ 來表示 x 和 y 的關係。**也就是說，要求出這個 a 和 b 的值。

哇～！　感覺好難啊！

如果利用圖像來思考，就像下圖這樣，畫一條離散布圖上各點最小距離的直線，然後計算出**那條直線的方程式**。

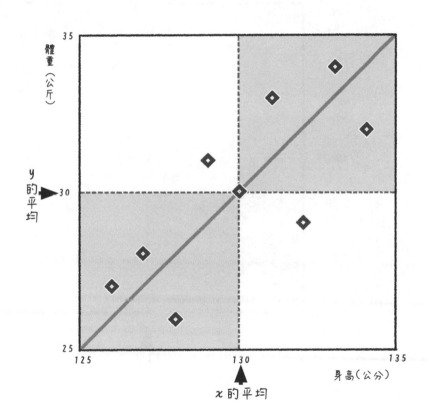

那要怎麼做才能畫出這條直線呢？

如下圖，在每個點和直線之間畫一條線。這樣就能求出每個數據和直線的距離（差）。**將其距離平方後再加起來，而數值最小的直線，就是以迴歸分析導出的直線。**這個方法稱為**最小平方法**（least square method）。

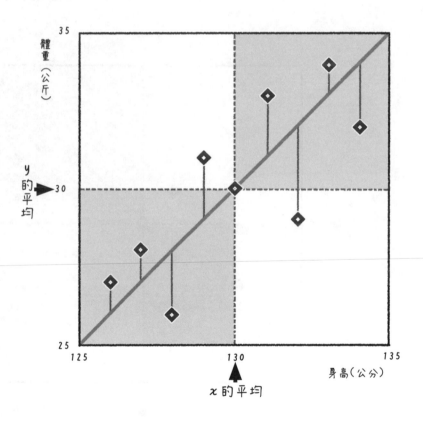

最小平方法？

 對，數據位於直線上方和直線下方時，正負符號會不同，若將差直接相加的話，兩者會相互抵消。為了避免這樣的情況發生，才將所有數值**平方**後再相加。

 這和**變異數**時的想法很類似呢！

 你說的沒錯。我在這裡先省略數學方面的說明。將直線和各個數據的距離平方後再相加時，其值為最小的直線方程式 $y = a + bx$ 中的 a 和 b，能利用以下公式求得。

$$b = \frac{x\,和\,y\,的共變異數}{x\,的變異數}$$

$$a = y\,的平均 - b \times x\,的平均$$

 首先，我們先求出 b 吧！這個數據的**共變異數為**5.1。另一方面，由於 x 的標準差為2.58，將此數值平方後就是變異數，所以 x 的變異數 $= 2.58^2 \fallingdotseq 6.66$。因此可得，$b = 5.1 \div 6.66 \fallingdotseq 0.77$。

那 a 值又會是多少呢？

 體重平均為30，身高平均為130。所以，
$a = 30 - 0.77 \times 130 \fallingdotseq -70.1$。
也就是說，利用第185頁的身高體重數據進行迴歸分析時，
能導出方程式 $y = -70.1 + 0.77x$。

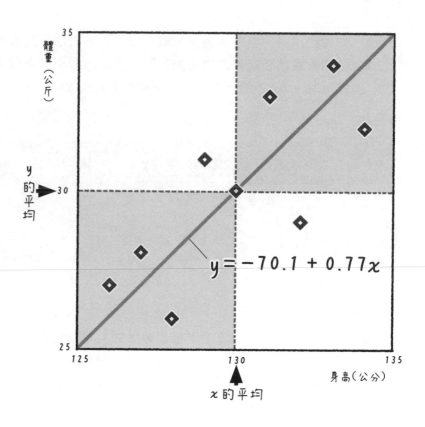

喔喔！這就是表示身高和體重關係的方程式啊！

是的。我們可以從這個方程式得知，在這個數據中，**如果身高（x）多了1公分，體重（y）大概會以0.77公斤的速度增加。**

好厲害！

雖然有點難懂，計算方法也很難，但迴歸分析真的很厲害耶！

入學考試沒有意義？

接下來，我將說明在觀察散布圖時**應該要注意的事情。**
比如說，某大學的入學考試成績和入學後的學科測驗成績的散布圖如下一頁所示。

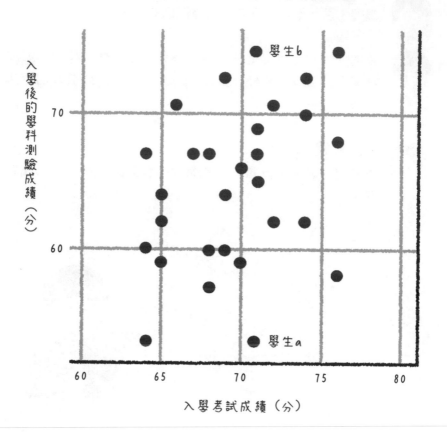

新生的入學考試成績和學科測驗成績的散布圖

看起來非常分散呢！感覺入學考試成績不錯的學生，在入學後也應該能獲得好成績，但我看不太出來相關性耶！

的確。如果看這個圖表，是幾乎沒有任何相關的。

 如果這個圖表是真的，那就表示入學考試成績和入學後的成績沒有關係囉！難道說，**入學考試是沒有意義的……？**

 不不不！ 從這個圖表導出這樣的結論是不對的。

 嗯？可是在這個圖表裡……？

 要判斷入學考試有無意義，也必須要將落榜的人考慮在內才對。
假設落榜的人也同樣接受入學後的學科測驗的話，其結果應該會變成下頁圖表喔！

209

B. 全體考生的入學考試成績和學科測驗成績的散布圖

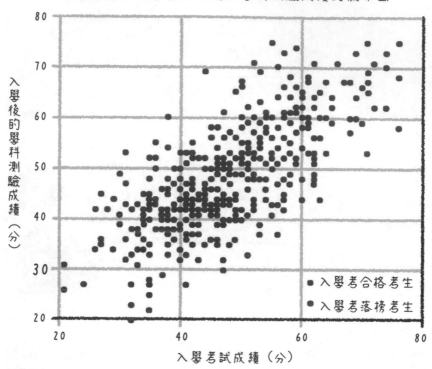

入學後的學科測驗成績（分）

入學考試成績（分）

＞入學考合格考生
＞入學考落榜考生

啊！數據雖然有點分散，但很明顯往右上升呢！

是的。我們可以從圖表中看到**正相關**。入學考試成績優秀的學生，也在學科測驗上獲得好成績呢！
我們最初看到的合格考生數據，從全體考生來看是屬於**非常優秀的群組**。因此，**只觀察合格考生的數據會以為是沒有相關的。**

有沒有加入落榜考生，**結論居然會因此變得不同！**

沒錯。就像上面舉的這個例子，**因為太過縮小數據範圍而使相關變弱的情況，我們稱為選擇效應（selection effect）。**

依據分析數據的取得方法，有可能導出錯誤的結論，所以**一定要小心喔。**

必須注意擷取數據的方式

我再介紹一個例子吧！從這個例子，我們可以知道依數據的處理方式，將會導出完全相反的結論。

下圖是由英國統計學家費雪（Ronald Fisher，1890～1962）提出的鳶尾花花萼長寬比較圖。

A. 鳶尾花花萼的長寬散布圖

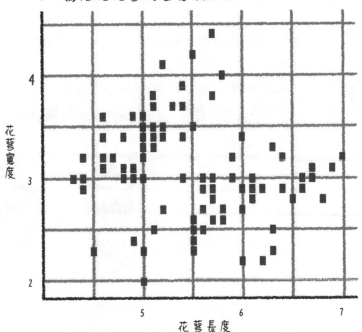

數據相當分散呢！
這樣很難判斷有無相關耶！

用試算表計算這個數據的相關係數，得到的答案是－0.2。

－0.2就表示是非常弱的負相關……。
這樣意思就是「花萼越長，寬度越窄」吧！

一般都會這樣認為吧！
但、是！ 這個想法是錯的。

真的嗎～!?　為什麼啊？
相關係數為負不就是代表有負相關嗎？

其實呢，這個數據中竟然參雜了**兩個品種相似的鳶尾花**。將兩個品種各自用顏色區分的結果就是右頁的圖表。

啊啊！ 兩個品種都往右上升，看起來有正相關！

是的。如果觀察品種，就可以知道不管哪一種都有正相關，也就是有「花萼越長，寬度也越大」的傾向。

B. 分別觀察 2 個品種⋯⋯

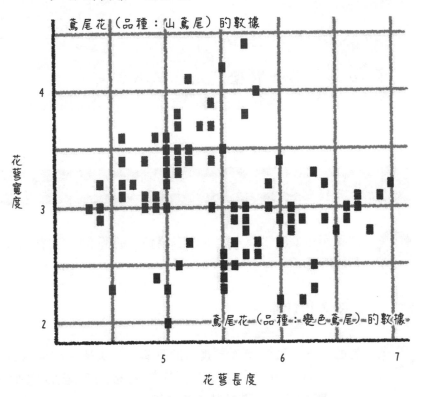

蔦尾花（品種：山蔦尾）的數據

花萼寬度

蔦尾花（品種：變色蔦尾）的數據

花萼長度

又得到相反的結論了！

像這樣，**散布圖的形狀很容易隨著數據的擷取方式而變得不同。**所以除了注意不要過於縮小數據範圍之外，也要小心不要和這個蔦尾花的例子一樣，過於廣泛擷取數據。

相關的注意事項①
散布圖容易依數據的擷取方式而變形！

越愛吃巧克力的國家，諾貝爾獎得主也越多？！

 在運用相關時，有一個非常容易掉入的**陷阱**，我在這裡做個說明吧！

 喔？陷阱？

 是的。下一頁的圖表，是美國哥倫比亞大學的研究人員在2012年針對**每個國家的巧克力消費量**和**諾貝爾獎得獎人數**的關係，進行分析的結果。

 很明顯是往右上升呢！

 對，相關係數為**0.791**。

 很強烈的正相關！ 那就表示，巧克力吃得越多的國家，諾貝爾獎得主也越多……。
也就是說，**吃很多巧克力的話頭腦會變好！？** 巧克力裡面含有讓頭腦變好的成分啊～！

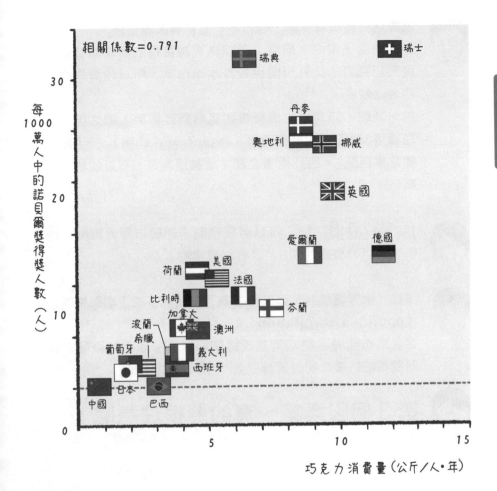

相關係數=0.791

每1000萬人中的諾貝爾獎得獎人數（人）

巧克力消費量（公斤/人・年）

答錯了～！ 只從這個結果，是不能判斷兩者有因果關係的！

誒～是錯的嗎！？

就算兩者有相關關係，但也不一定會有因果關係。
在這個例子當中，研究人員認為「越富裕的國家越有能力購買巧克力，此外因國民教育水準也高，所以諾貝爾得主才會比較多」。

換句話說，**巧克力的消費量和諾貝爾獎得獎人數之間，存在著第3個因素（潛在變數，latent variable）──「國家的富裕程度」**。因此兩者之間才會被認為是沒有直接的因果關係。

原來如此！ 所以若只從剛才的散布圖就推斷「吃很多巧克力會變聰明」，是有點草率啊！

沒錯。**像這種情形，我們稱之為「偽相關」或「虛假相關」（spurious correlation）。**
在看散布圖時，要常常想起這個觀念，必須思考兩個有相關關係的數據之間是否存在著**「第3個因素」**。

第3個因素啊～真的要很注意呢！

重點！

相關的注意事項②

即使有相關關係，也不一定會有因果關係！

第3個因素（潛在變數）有可能讓數據的關係看起來像是有相關關係。

要小心偽相關

 要不要來練習看穿偽相關呢？我舉幾個相關的例子當問題，請你思考看看那些例子是不是偽相關。如果認為是偽相關的話，請再思考隱藏的第3個因素是什麼。

 不知道能不能答對呢！？ 好緊張喔！

 那麼，請看第1個問題！

題目 ❶

是理組還是文組，和手指長度之間有相關關係。在理組當中，食指比無名指短的人較多。而文組則是兩指差不多長的人比較多。

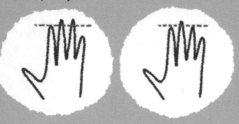

誒！？ 這是真的嗎？

 對，我沒有騙你喔！

 每次解開數學問題後，無名指就會變長嗎？

 怎麼可能啦！

 嗯，說的也是呢。那就表示，這是沒有因果關係的**偽相關**吧？

 喔～非常好！ **你答對了！**
不過連接兩者的**第3個因素**是？

 嗯……， 我想破頭也想不出來耶。

 因為是第1題所以還不熟練吧！那我要公布答案了喔，存在這兩個因素之間的第3個因素是，**「性別」。**

 性別啊～！

 對。**一般來說，男性的食指會比無名指來得較短。而且理組的男學生所佔比例，會比文組較高。**因此，在各大學進行調查後，結果就會變成「食指比無名指短的理組學生比例較高」。

原來是這樣。 所以「是理組還是文組」和「手指長度差異」雖然有相關關係，但沒有因果關係，對吧！

 對，就是那個意思。好，接著第2題！

題目 **②**

日本男性的年收入和體重之間有著正相關。
體重越重的人，有年收入越高的傾向。

 嗯！？比較胖的人薪水會增加嗎？
那我現在就要開始認真吃了。

 怎麼可能啦！

 是喔……那，這個也是沒有直接因果關係的**偽相關**嗎？

 你說的沒錯。
那麼，連接體重和年收的**第3個因素**是？

嗯……，以一般公司來說，年收入較高的人，也比較多年紀大的人呢！因為會考量**資歷**的關係。

啊！我知道了！第3個因素是不是**年齡**呢？

完全正確！
男性有年齡越大體重也越重的傾向。此外，男性隨著年齡增長，年收也會跟著上升。

可知就是年齡把這兩個數值連接起來了啊！

所以年收和體重沒有直接的因果關係呢！

沒錯！那麼，請看最後一個問題！

題目 ❸

某個城鎮的圖書館數量和民眾檢舉使用毒品的次數有正相關。圖書館數量越多，檢舉使用毒品的次數也就越多。

 也就是說，如果增加圖書館，使用毒品的犯罪也可能會跟著增加……，怎麼可能嘛！**這個也是偽相關！**

 那麼，你覺得第 3 個因素是什麼呢？

 嗯……，**完全沒頭緒耶。**

 可以思考一下在怎樣的城鎮裡會有很多圖書館，也許就能給自己提示喔！

很多圖書館的城鎮？嗯，像是有很多錢可以蓋圖書館的城鎮之類的嗎……？啊，我知道了！ **是人口！**
我覺得人口越多的城鎮，圖書館也越多。
而且，人口越多，犯罪檢舉次數也應該越多才對。

完全正確！
因為有人口這第3個要素，犯罪檢舉次數和圖書館數量這兩個數據才產生了相關關係。

我已經懂了！
不會再被偽相關給騙了！

最後，為了讓大家不被偽相關迷惑，能順利找出事物的因果關係，我來介紹個方法吧！

2008年，歐巴馬（Barack H. Obama，1961～）在參選總統時，網站設計負責人遇到了以下的問題；**「要如何設計總統候選人的網站，才能增加捐款或志工人數呢？」**

這個問題很難呢！　那他怎麼處理呢？

負責人準備了**6**種網站圖片、影像和**4**種電子信箱登錄按鍵，然後將這些要素組合起來，最後共準備了**24**種模組。然後針對瀏覽網站的閱覽者，進行隨機顯示24種網站的實驗，調查登錄電子信箱的閱覽者比例有多少。

隨機……？

這樣的方法我們稱為**「隨機對照試驗」**（randomized controlled trial，RCT）。藉由隨機化，實驗結果就不容易受到閱覽者偏倚等因素影響。我們便能判斷實驗中所發生的變化，很有可能不是偽相關。

原來如此！

從這個實驗可知依設計或文宣的不同，人們的行動也會有驚異的變化。

據說負責人利用這樣的隨機對照試驗，達成了增加捐款和志工人數的目標。

好厲害！

 隨機對照試驗**被運用在各式各樣的情況，像是調查效果好的廣告，或是找出滿足顧客的服務項目等等。**
另外，**在確認新藥的效果時也會利用這個方法。**將服用新藥和沒有服用的受試者分組隨機進行，確認藥物的效果。這樣便能防止實驗結果受到小組之間患者性別或生活習慣等因素偏倚的影響。
關於新藥的實驗方法，我會在第4節課中再詳細說明。

 好的，我漸漸了解在社會上各種情況中，統計都能派上用場了。

第 **4** 節課

從有限的數據中
推測全體的特徵

確定當選

STEP 1

計算數據和真實數值之間的差距

在民意調查中，無法避免調查結果和「真實數值」之間的「差距」。在本節課中，我們將把焦點放在這個「差距」，一起來看看從數據中正確解讀全體樣貌的方法吧！

收視率20%的誤差為 ±2.6%

還記得在第1節課介紹過**民意調查**嗎？我說在民意調查中，是從一部分受訪者的意見來推測全體國民的意見。
在第4節課的STEP1中，我們將像民意調查一樣，針對從部分調查結果推測全體族群的方法，進行更加詳細的思考。

透過民意調查，可以只從**1000人**的意見，**推測出1億人以上**的意見呢！

是的。像民意調查這種從全體中抽出一部分（受訪者）來進行調查的方法，我們稱為**樣本調查**（sample survey）。
在調查中，全體族群稱為**母體**（population），被抽出的族群則稱為**樣本**（sample）。

進行民意調查時，要從全體國民中選出部分受訪者。那這樣是不是代表**全體國民＝母體**，**受訪者＝樣本**呢？

母體＝全體國民

樣本＝受訪者

你說的沒錯！然後，我們想知道的是全體國民的意見。雖然最正確的方法是詢問每位國民的意見，但實際上也做不到，所以才會選擇進行有限的樣本調查。

 我記得在進行民意調查時，如果不能從全體國民（母體）**隨機**抽出受訪者（樣本）的話，調查結果有可能會產生偏差，對吧！

 # 你記得真清楚！
那麼，假設我們隨機挑選受訪者，進行了有效回答率100%的理想調查。
你認為調查的結果，能將全體國民真正的意見正確無誤地完全反映出來嗎？

 咦，應該會正確反映出來吧！
有效回答率也是100%啊！

 哼哼。其實只要受訪者人數少於全體國民，就算再怎麼進行多理想的調查，受訪者的調查結果和全體國民真正的意見之間，還是會有發生**差距**的可能性。

 # 會有差距？ 為什麼？

 首先，先單純地思考從袋子中取出球的實驗吧！

假設在箱子中各有50個50個**紅球**和**白球**，我們閉上眼睛取出10個。

而取出的這10個球，如果要完全反映出球在箱子中的比例，那結果應該會是**5個紅球**和**5個白球**，對吧？

 嗯，的確。 但是實際進行的話，感覺沒有出現各5個紅白球的次數應該也蠻多的……。

正是如此。 在取出10個球時，並不一定能拿到各5個紅白球。像是6個紅球和4個白球的結果也很常見吧！

 是啊！

 民意調查也是一樣的。**就算隨機選出受訪者，受訪者的意見仍然會和全體國民的意見產生差距。**即使以理想方式進行調查，也無法避免這樣的情況。

 這樣的話，不就代表我們無法從民意調查得知全國國民的意見了嗎？

 不過，其實差距也有**容易產生**和**不易產生**的分別。以剛才的紅白球例子來說，雖然6個紅球和4個白球的結果經常出現，但全部都是10個紅球的結果就很稀少吧！

 那是一定的啊！

因此在民意調查中，**調查人員會推測受訪者和全體國民「常見差距」的範圍，並且和調查結果一起發表。**比如說，針對內閣支持率訪問1000人，結果有70%的受訪者支持的話，就能推斷出「真正的支持率落在67%～73%範圍內的可能性是95%」。

感覺**好拐彎抹角啊～！**
到底是為什麼才會用那樣的說法呢？

接下來我會更詳細說明。為了讓內容更單純，我會以電視的**收視率**來解說！

大家的確會在意自己喜歡的連續劇收視率呢～收視率到底是怎麼調查的呢？

專門調查收視率的Video Research公司會針對每個地區進行調查。比如說，在關東地區總共**約1800萬戶**，他們會選出其中的**900戶**作為調查對象。然後，系統就會自動收集這900戶居民所觀看的節目資料。

喔～！ 原來是這樣啊！

雖然說要完全掌握所有家庭的收視率，就只能對所有家庭進行調查。但由於實際上無法執行，才會採取這樣的方法。

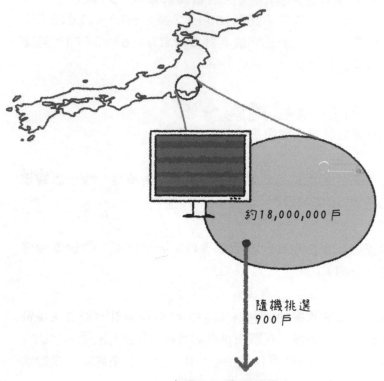

約18,000,000戶

隨機挑選
900戶

實際進行調查的戶數

900戶

如果有180戶收看，
就代表收視率為20%。

收視率的調查和民意調查一樣，都是**樣本調查**吧！是以900戶的調查結果為基礎，來推測關東地區1800萬戶的收視率嗎～？

沒錯。假設結果900戶裡有180戶收看某個節目，那就代表**這個節目在調查對象的家庭中收視率為20%。**

就是 $\frac{180}{900} \times 100$ 嘛！

但是，這個結果**頂多只能算是調查對象家庭的收視率，並不是關東地區所有家庭的「真實」收視率**。因此，調查結果和推算出來的所有家庭收視率可能會有誤差。

誤差!?
這個誤差大概是多少呢？

首先，假設針對900戶進行調查的結果，某節目的收視率為20%，那麼我們可以預測所有家庭的**真實收視率**為20%的機率很高。反過來說，和調查結果產生極大差距的機率應該很低。

總而言之，調查對象的家庭收視率的機率分布，應該呈現出以真實收視率為中心的「山型」。

其實，一般認為這個分布正是**常態分布**。

實際進行調查的戶數

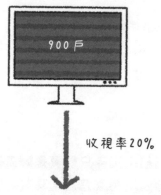

900 戶

收視率20%

調查對象家庭收視率之機率分布

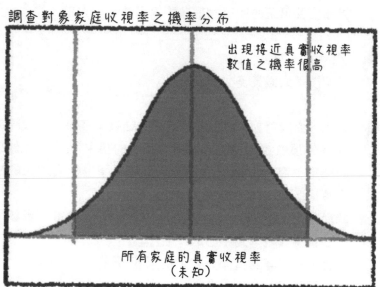

出現接近真實收視率
數值之機率很高

所有家庭的真實收視率
（未知）

常態分布！

在第2節課、第3節課上過了呢！

常態分布有一個特徵，就是**95%的數據包含在「平均±1.96×標準差」的範圍內**。

數學方面的說明太難所以省略。但如果利用這個常態分布的特徵，就能推測出**真正的收視率有95%的機率，是在** $p \pm 1.96 \sqrt{\dfrac{p(1-p)}{n}}$ **的範圍內！**

這個公式的 p 就是從調查中得知的**收視率**。

n 就是調查的**家庭數（樣本數）**。

樣本數就是指在樣本調查中所調查的樣本數量。

至於「 $\pm 1.96 \sqrt{\dfrac{p(1-p)}{n}}$ 」，我們在這裡稱它為**抽樣誤差**吧！

$$\text{抽樣誤差} = \pm 1.96 \sqrt{\dfrac{p(1-p)}{n}}$$

p：從調查中得知的收視率

n：樣本數

 公式中的1.96是指**1.96個標準差**。如果想把機率設定為90％，那就會變成1.65個標準差；如果是99％的話就是2.58個。在統計調查中，一般比較常使用**95％**。

 好、好難喔！
那假設在900戶家庭的調查中，收視率是20％的誤差大概多少呢？

 那麼我們就把$n＝900$、$p＝0.2$代入抽樣誤差的公式計算看看吧！

$$95\%的抽樣誤差 = \pm 1.96\sqrt{\frac{P(1-P)}{n}}$$

把 $n = 900$、$p = 0.2$ 代入

$$95\%的抽樣誤差$$

$$= \pm 1.96\sqrt{\frac{0.2(1-0.2)}{900}}$$

$$\approx \pm 0.026$$

也就是說，**誤差的範圍是±2.6%**呢！

誤差的範圍是±2.6%的意思是？

意思是**有95%的機率，所有家庭的收視率在20%的前後 2.6%，也就是說包含在17.4%～22.6%的範圍內。**

原來如此！那麼，再請問一下，95％的機率**是什麼意思啊？**

就是指**「假設調查100次，真正的收視率約有95次會落在這個範圍內。」**

也就是會出現5次不同的結果啊！
真的很嚴謹呢！
我大概了解什麼是樣本調查和抽樣誤差了。不過，收視率20％的誤差為±2.6％ 不會太大嗎？有沒有辦法把誤差縮小，做出更正確的推測呢？

當然有啊！
把剛剛公式分母的**樣本數 n 加大就可以了。**

也就是說調查數量越增加，誤差也越小，對嗎？

是的。若仔細觀察公式，可知**誤差和 $\dfrac{1}{\sqrt{n}}$ 成比例。**
換句話說，想要將誤差設為 $\dfrac{1}{10}$ 時，就必須將樣本數增加100倍（10^2 倍）。

以這次的例子來說，如果想要將誤差縮小為±2.6％的 $\dfrac{1}{10}$ 也就是0.26％的話，實際上必須調查9萬戶家庭才行。

9萬戶！ 需要調查這麼多戶啊！
但是誤差只有10分之1嗎……？

是啊！這也許可以說是事倍功半的調查。因此，**一般會在考慮調查的精確程度需要多少後，再決定調查的樣本數。**此外，在這個計算方法中，抽樣誤差的公式只靠樣本數 n 和收視率 p 構成，並沒有包含母體人數。因此，**調查結果的精確度和母體人數無關，僅取決於受訪者的人數。**

嗯？ 這是什麼意思呢？

不管是在人口1億人還是10億人的國家，**只需針對從全體國民隨機選出的1000人進行調查，就能從其結果用同樣的公式來推測。**

哇！非常方便呢！
我以後應該也會用得到這個公式。

嗯～抽樣誤差……。

在收視率的例子中，對於抽樣誤差我還是有點不太懂。

能不能請老師再簡單說明一下為什麼會產生抽樣誤差呢？

沒問題。那麼我們就試著用生活當中的例子來思考抽樣誤差吧！

以「丟擲硬幣」為例子，試著思考以下的問題。

假設有一種正反面會以相同機率出現的硬幣。那麼丟擲10枚的時候，能預測其中會出現幾枚正面嗎？

既然出現正反面的機率相同，**那麼出現5枚正面、5枚反面的機率就會最高吧！**

是啊，你說的沒錯。但實際上試著丟看看的話就會馬上知道，丟10枚硬幣時，剛好出現各5枚正反面的機率意外地非常低。

我來試看看！ 我要丟10枚10圓硬幣囉！
我丟了好幾次，但是正反面各5枚的結果，大概4次只出現1次。
機率相當小呢……。

是的。如果用計算來說，出現5枚正面的機率大約為 **25%**。另一方面，出現4枚正面（6枚反面）或6枚正面 （4枚反面）的機率，則大約各為**21%**。即使是10枚正面 或10枚反面這種極端的結果，也大約各有**0.1%**的機率會 發生。

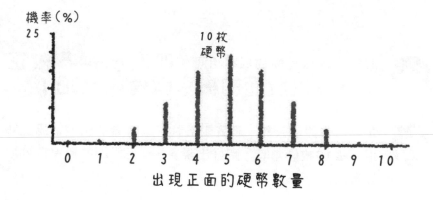

預測正反面各5枚，原來是不太準的啊……

對。「出現5枚正面」的預測約有25％的機率是正確的，但約有75％的機率是錯的。

換句話說，**這個預測只有約25％是可以信任的。這個「約25％」我們稱為「信賴度」。**

75％會預測錯誤……

如果要提高信賴度的話要怎麼做才好呢？

很簡單，**只要把預測的範圍放寬就好了。**

比如說，只要預測「出現4枚～6枚正面（和5枚誤差±1枚）」，便約有66％的機率能猜中，也就是說**信賴度約66％**。

如果將範圍更加擴大，預測「出現2枚～8枚（和5枚誤差±3枚）」的話，那麼就約有98％的機率能猜中。

喔喔！

這就是**抽樣誤差的概念**。這個概念也能直接套用在以民意調查為首的樣本調查上。**透過放寬預測範圍，就能進行在某種程度上值得信賴的推測。**因此，一般才會做出像是「真正的支持率有95％的可能性是在67％～73％的範圍內」這樣的預測。

原來如此。雖然這種說法有點囉嗦，但信用還是最重要的啊！

接下來我們一起以抽樣誤差的知識為基礎，來解讀下面那則虛構的新聞吧！

在上個月的民意調查中，內閣支持率為31%。本月下滑至29%，跌破了3成。

 內閣支持率下降了！

 不是喔！光是看這個情報就判斷「內閣支持率下降」是很**危險**的。

 可是！ 新聞不是寫說從31%下滑到29%嗎？

 這個頂多只能算是某些受訪者的調查結果，也有可能和全體國民的支持率存在著誤差。

在**盲目相信**「29%」和「31%」這樣的數字之前，先試求這個數字大概有多少誤差吧！

 好！ 來算**抽樣誤差**吧！

來吧！
假設這個民意調查在上個月和這個月的**有效回答數**為1500。請求出以**信賴度95%**推測時的**抽樣誤差**！

 咦，是我要算嗎？

 加油啊！假設民意調查的有效回答數為 n，所得結果為 p，那麼以信賴度95%推測時則為 $\pm 1.96 \times \sqrt{\dfrac{p(1-p)}{n}}$，對吧！
再來只要把實際的數值代入 n 和 p 就能計算了。

 啊啊，對喔！剛剛老師才說過。
呃……，要求出本月的抽樣誤差，只要把 $n=1500$，$p=0.29$ 代入公式就可以了，對吧！

$$抽樣誤差 = \pm 1.96 \times \sqrt{\dfrac{p(1-p)}{n}}$$

把 $n=1500$，$p=0.29$ 代入

$$= \pm 1.96 \times \sqrt{\dfrac{0.29(1-0.29)}{1500}}$$

$$\fallingdotseq \pm 0.0230$$

 抽樣誤差為 **±2.30%**。

沒錯。

這個結果就表示**「真正的內閣支持率在29%±2.30%（26.70%～31.30%）的範圍內，而且這個結果有95%的機率是可靠的」**。

像這樣推算出來的「26.70%～31.30%」範圍，我們稱為**「信賴區間」**（confidence interval，CI）。

信賴區間……。

那麼，請再用同樣的方式，從上個月的調查結果「有效回答數1500，內閣支持率31%」求出95%信賴區間的抽樣誤差。

只要代入 $n = 1500$，$p = 0.31$ 就可以了，對吧！

$$抽樣誤差 = \pm 1.96 \times \sqrt{\frac{p(1-p)}{n}}$$

把 $n = 1500$，$p = 0.31$ 代入

$$= \pm 1.96 \times \sqrt{\frac{0.31(1-0.31)}{1500}}$$

$$\approx \pm 0.0234$$

抽樣誤差為 **±2.34％**！

沒錯。由此可知95％的信賴區間為**31％±2.34％**（28.66％～33.34％）。

終於知道這個月和上個月調查結果的95％信賴區間了！

那麼我們再來按照這個信賴區間，重新閱讀開頭的新聞吧！

因樣本調查的結果為「從31％下滑到29％」，我們能解讀為包含母體支持率有95％的信賴區間從**28.66％～33.34％**變成**26.70％～31.30％**。

和看完開頭的新聞後，所感受到「支持率下滑」的印象完全不一樣呢！

對吧！然後若將這兩個信賴區間用圖表顯示的話，則如下圖所示。

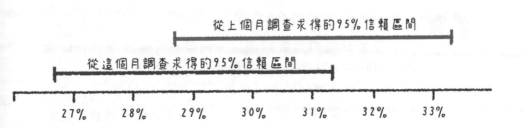

上個月和這個月調查的信賴區間**有部分重疊呢！**

是的。所以我們**不能斷言母體的內閣支持率是下滑的。**
換句話說，從這個民意調查所觀察的內閣支持率，在1個月的變化落在誤差的範圍內，解釋成「**幾乎持平**」會比較妥當。

喔～原來透過求出誤差，能夠預估內閣支持率的變化有沒有意義呢！

完全正確。透過思考抽樣誤差，就可以冷靜地評論民意調查的結果。
其實，不只有民意調查才會出現某種程度的誤差。比如說「工業產品的品質檢查」、「氣溫測量」或「新藥的臨床試驗結果」等，**從母體取出一部分的樣本時，就一定會帶來誤差。**

這表示不管是什麼樣的調查，只要不進行全數調查，就**無法避開誤差，**對嗎？

正是如此。
而且**不管是哪種調查或測定，只要不正確掌握誤差的大小，也就無法正確解讀所取得的數據意義。**
另外，抽樣誤差的計算很繁雜，使用**函數計算機**的話比較方便。如果沒有的話，也可以利用下頁的一覽表，就能簡單預估誤差。

抽樣誤差一覽表（信賴度95%）

n \ P	10% 或 90%	20% 或 80%	30% 或 70%	40% 或 60%	50%
2500	±1.2%	±1.6%	±1.8%	±1.9%	±2.0%
2000	±1.3%	±1.8%	±2.0%	±2.1%	±2.2%
1500	±1.5%	±2.0%	±2.3%	±2.5%	±2.5%
1000	±1.9%	±2.5%	±2.8%	±3.0%	±3.1%
600	±2.4%	±3.2%	±3.7%	±3.9%	±4.0%
500	±2.6%	±3.5%	±4.0%	±4.3%	±4.4%
100	±5.9%	±7.8%	±9.0%	±9.6%	±9.8%

表中的n為有效回答數，p為調查結果的數值（內閣支持率等）。例如「有效回答數為1500的民意調查中，內閣支持率為60%」的話，n＝1500、p＝60%，從上面的表格中可知抽樣誤差為±2.5%。

原來還有這種表格啊！

在觀察民意調查時，不光是注意其結果，也要弄清數字背後的誤差，這才是**不被數字或數據玩弄的第一步**。

這次我們以抽樣誤差為基礎，再思考看看關於選舉的確定當選吧！

 我一直覺得很奇怪，在選舉特別節目中出現的「確定當選」快報，都是在開票還沒結束前就會看到！
他們是怎麼判斷確定當選的呢？

 「確定當選」是新聞媒體用來獨家報導預測「會以相當高的機率當選」。
在開票途中，各自治團體的選舉管理委員會隨時公布，**只要利用統計的方法，即使開票結果只有幾％，也能推測出最終得票數**。
也就是說，確定當選在統計上是可以判斷出來的。

好厲害啊！ **到底是怎麼做到的！？**

最終票數是以**全部的票數 × 最終得票率**顯示。換句話說，如果能預測到最終得票率，就能預測到最終得票數。而在預測最終得票數時，很重要的項目就是**抽樣誤差**！

果然是抽樣誤差！

我們來具體計算看看吧！
假設開票途中的票數為 n，當時的得票率為 p。抽樣誤差套入抽樣誤差的公式，就可知最終得票率有95％的機率，在 $p \pm 1.96\sqrt{\dfrac{p(1-p)}{n}}$ 的範圍內。

就是把選舉結果當作**樣本調查**來思考對吧！

對。所有投入的**有效票為母體**，而已開出的**一部分選票為樣本**。

嗯嗯。

那麼，接下來就實際使用虛擬的選舉區（投票者20萬人，當選名額1名，候選人2名），試著模擬確定當選出爐的過程吧！假設在**開票率5％**時，第一位候選人Ａ的得票數為**5050**而得票率為**50.5％**；第二位候選人Ｂ的得票數為**4950**而得票率為**49.5％**。我們以此為基礎來試算Ａ的**抽樣誤差**。

抽樣誤差

$$= \pm 1.96 \times \sqrt{\frac{0.505(1-0.505)}{1000}}$$

$$\fallingdotseq \pm 0.0098$$

A的抽樣誤差為±0.98%。

也就是說,我們可以預測**A的最終得票率為50.5±0.98%**。

而從這裡所預測的最終得票數為9萬9040～10萬2960票。

接著再試算B的抽樣誤差。

抽樣誤差

$$= \pm 1.96 \times \sqrt{\frac{0.495(1-0.495)}{1000}}$$

$$\fallingdotseq \pm 0.0098$$

B的抽樣誤差也是±0.98%。也就是說,我們可以預測**B的最終得票率為 49.5±0.98%**。而從這裡可以推測出最終得票數為9萬7040～10萬960票。

開票率5%。（開票數1萬票）

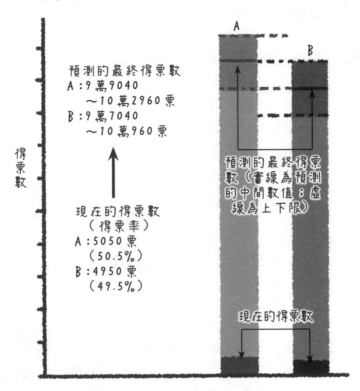

預測的最終得票數
A：9萬9040
　～10萬2960票
B：9萬7040
　～10萬960票

得票數

現在的得票數
（得票率）
A：5050票
　（50.5%）
B：4950票
　（49.5%）

預測的最終得票
數（實線為預測
的中間數值；虛
線為上下限）

現在的得票數

只差一點點呢！
但預測的範圍仍有一大部分重疊。

是啊！只從5%這**少量的情報**進行推測的話，最終票數的
範圍就會比較大。

因此才會像上圖那樣，預測得票數範圍有重疊的部分。在
這種情況下，現在只稍微落後的B，最後很有可能會逆轉
領先A。

所以**在這個時間點公布「確定當選」的話，可說是太早了。**

那開票繼續進行的話，又會怎麼變化呢？

 接著來看看**開票率50%**的情況吧！
假設A的得票數為**5萬300票**而得票率為**50.3%**，B的得票數為**4萬9700票**而得票率為**49.7%**。
這裡我直接跳過計算過程。總之在計算後，能推測出A的最終票數為**9萬9980～10萬1220票**；B的最終票數為**9萬8780～10萬20票**。

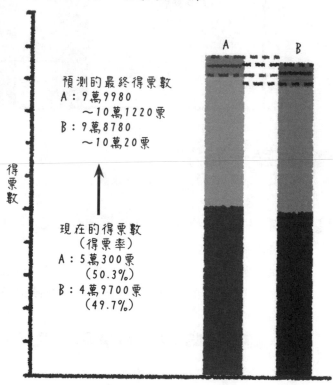

開票率50%。（開票數10萬）

預測的最終得票數
A：9萬9980
　　～10萬1220票
B：9萬8780
　　～10萬20票

得票數

現在的得票數
（得票率）
A：5萬300票
（50.3%）
B：4萬9700票
（49.7%）

預測的最終票數範圍**還是有重疊呢！**

是的。推測的範圍雖然跟剛剛比起來，變得相當小了，但還是有重疊的部分。
所以 B 還是有逆轉的可能性呢！

那再繼續開票的話？

那麼，我們就來看看**開票率80%**的結果吧！

開票率80%（開票數16萬）

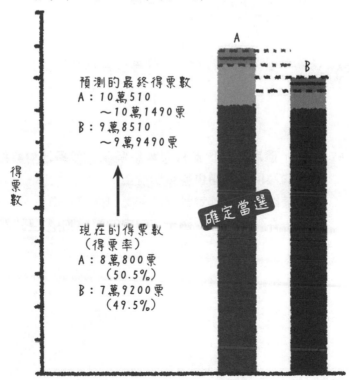

A

B

預測的最終得票數
A：10萬510
　　～10萬1490票
B：9萬8510
　　～9萬9490票

確定當選

得票數

現在的得票數
（得票率）
A：8萬800票
　（50.5%）
B：7萬9200票
　（49.5%）

假設A的得票數為**8萬800票**而得票率為**50.5%**，B的得票數為**7萬9200票**而得票率為**49.5%**。

以此進行計算的話，能推測出A的最終票數為**10萬510～10萬1490票**；B的最終票數為**9萬8510～9萬9490票**。

喔？預測的最終票數**沒有重疊耶！**

是的。

開票持續進行的話，能用在預測上的資訊就會變多，預測的最終票數範圍也會逐漸變小而越正確。然後當開票率為80%時，A和B的預測範圍不再重疊，**可以說B逆轉的可能性微乎其微了。**一般認為在這種下判斷A「**確定當選**」是沒有問題的。

透過考量誤差進行推測，的確能判斷要不要公布確定當選呢！

沒錯。

只是，**確定當選頂多只能算是預測，如果途中發生了出乎意料的發展，預測也有可能落空。**

票數差距越小，確定當選的判斷也必須越慎重。

實際上在日本也發生過幾次確定當選預測**落空**的例子。

確定當選就只是預測啊～

對了，以前也有發生過在晚上8點投票結束時，**開票率0%就公布確定當選**的事情對吧！

那個是怎麼做到的啊？

如果從媒體事前做的民意調查或投票日當天的出口調查（於選舉期間在票站出口向剛投完票的人進行訪問），能夠預期到壓倒性勝利的話，根據媒體的判斷，好像也會有省略開票過程直接公布確定當選的情形。

只是，開票率0%的確定當選，也有很多不是依據統計學上的判斷。

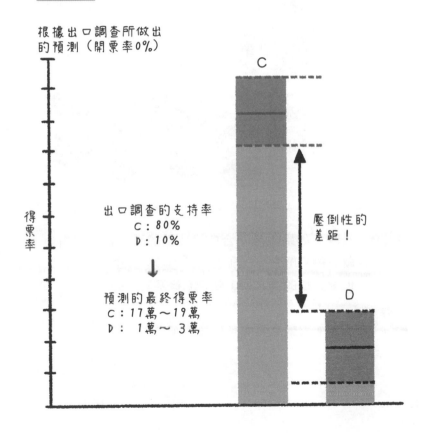

根據出口調查所做出的預測（開票率0％）

得票率

C

出口調查的支持率
C：80%
D：10%

↓

預測的最終得票率
C：17萬～19萬
D： 1萬～ 3萬

壓倒性的差距！

D

關於樣本調查，最後我們來思考在罐頭工廠調查**不合格品比例**的方法吧！

 就是只要選出**部分的罐頭**，調查是否為不合格品就行了，對吧？

 是啊！如果要讓不合格品比例的調查結果沒有誤差的話，就只能打開所有罐頭進行**「全數調查」**。
但要是真的這樣做，就沒有商品可以販賣了！

 的確。那到底要開幾個才夠呢？

那就來思考看看**樣本到底需要多少**吧！我之前
說明過，在樣本調查中所調查的樣本數量稱之為**樣本數**，
對吧！

當樣本數增加，越接近全數調查，當然也就越接近零誤差。
但大量調查的話，也就沒有那麼多可以販賣的商品，反而
會導致虧損。

的確。

在說明收視率時也有稍微提到，**一般以能容許多少程度的
誤差來決定樣本數。**

現在請回想一下剛剛的抽樣誤差公式。

95%信賴區間的抽樣誤差公式如下：
$$抽樣誤差 = \pm 1.96 \times \sqrt{\frac{p(1-p)}{n}}$$ ！

沒錯！而這個公式中的 n 就是樣本數。

這一次的問題是 n 要多少才夠，所以要把公式改為 $n =$ 的
形式。

$$n = \left(\frac{1.96 \times \sqrt{p(1-p)}}{抽樣誤差} \right)^2$$

那麼到底能容許多少誤差呢？只要用這個公式就能求出樣本數 n。

 具體來說要怎麼算才對呢？

 假設能容許的抽樣誤差為2%。

p 為不合格品的比例，原本應該是未知值。**但如果有以前的調查結果，就可以利用那個數值來計算。**

在這裡我們假設前一次的調查結果為5%，所以 $p =$ 0.05。

 5%的話，**也就是說在20個裡面有1個不良品！?**
不良品也太多了吧！

 總、總之，請用**抽樣誤差2%，** $p = 0.05$ 去試算樣本數吧。

 只要代入剛才那個公式就沒問題吧？
這樣的話……

$$n = \left(\frac{1.96 \times \sqrt{p(1-p)}}{抽樣誤差} \right)^2$$

把 $p = 0.05$，抽樣誤差 $= 0.02$ 代入

$$n = \left(\frac{1.96 \times \sqrt{0.05(1-0.05)}}{0.02} \right)^2$$

$$= 456.19$$

 結果**大約是456**。

 答對了！
如果容許2%的誤差，那麼只要打開456個罐頭，就可以知道不合格品的比例了。
如果在456個罐頭的樣本調查中，和前一次相同，發現5%的不良品的話，就能推測全體的不良品比例在，**5±2%**的範圍內。

 456個啊……
這數量相當多呢！

 接下來，假設老闆要求**要把抽樣誤差調整為10分之1**。
這個時候樣本數會變成多少呢？

抽樣誤差調整為10分之1！?

也就是說把抽樣誤差換成0.2%（0.002）。

然後再把這個數值代入剛剛的公式。

$$n = \left(1.96 \times \sqrt{\frac{p(1-p)}{抽樣誤差}} \right)^2$$

把 $p = 0.05$，抽樣誤差 $= 0.002$ 代入

$$n = \left(1.96 \times \sqrt{\frac{0.05(1-0.05)}{0.002}} \right)^2$$

$$= 45619$$

我的天啊～要打開4萬5619個罐頭才行哪！

是的，縮小誤差是非常辛苦的事情。

要把誤差調整為 $\frac{1}{2}$ 的話，樣本數就要4倍（2^2倍）；要調整為 $\frac{1}{10}$，樣本數就要100倍（10^2倍）；如果要調整為 $\frac{1}{100}$，那樣本數就要1萬倍（100^2倍）了。

因此實際上一般會先考量調查的所需成本，再設定符合現實的樣本數。

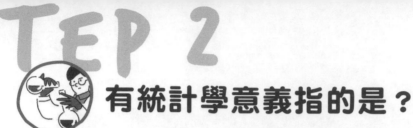

STEP 2
有統計學意義指的是？

最後一個階段的主題是「假設檢定」（hypothesis testing），
是開發新藥時不可或缺的方法。利用常態分布的性質，從「這不
只是偶然？」的觀點，針對數據進行嚴格檢驗。

確認新藥是否真的有效？

在第4節課的STEP 2中，我將介紹一個名為**假設檢定**的
統計方法。
如果以數學的方法說明假設檢定的話會有點難，所以我就
不用公式來說明了。

很難啊……。
那是什麼樣的方法呢？

**所謂的假設檢定，是利用統計學判斷某個假說是否正確的
方法。**比如說，針對新開發的藥物是否有效的問題，**利用
機率來解答的手法**就是假說檢定。

嗯……，我只知道這個方法看起來很難。

以具體的例子來說明應該會比較容易理解。

首先，我先以**開發新藥**作為例子，來說明假設檢定到底是什麼吧！

想要調查新藥的效果，假設檢定是不可或缺的方法喔！

我曾聽說過檢測新藥效果的試驗非常花時間。

他們到底是怎麼確認新藥的效果呢？

一般來說，新藥的效果會利用第3節課中介紹的**隨機對照試驗**來檢驗。

就是美國前總統歐巴馬的選舉，利用對照試驗決定網站的設計，結果讓捐款和志工人數都增加的那個例子吧！那用在測試新藥效果的隨機對照試驗是如何進行的呢？

首先，將患者隨機分為兩個群體。不藉由醫師選擇或是用病情來區分，這是為了使患者的群體結構不偏倚。

然後給予一組**新藥**，另一組則給不包含有效成分的**偽藥**，接著再來比較兩組的用藥過程。

故意給偽藥！？ 不能只是單純地分為給藥或是不給藥嗎？

其實，即使藥物原本沒有效果，也會有因患者以為有效而產生效果的情形。我們稱之為**安慰劑效果**（placebo effect）。

為了扣除安慰劑效果的影響，才會使用新藥和偽藥來比較效果。

喔～原來如此。

那麼我們就來思考關於新**感冒藥**的試驗吧！

患者被分為給予新藥的100位患者**A**組，以及給予偽藥的100位患者**B**組，然後觀察過程。

結果，A組比起B組平均早30個小時，症狀就改善了。

哇，服用新藥的組別能較快改善症狀！也就是說，**新藥是有效的！**

新藥 　　　　　僞藥

A組症狀的改善　　　　　B組症狀的改善
平均花費90個小時　　　　平均花費120個小時

試驗的結果

服用新藥的A組
比起服用僞藥的B組
平均早30個小時就能改善症狀

不，我們**不能**在這個階段就**貿然做出結論**。
因為有下面兩種假說的可能：

假 說

① 新藥和偽藥的效果有差異。

② 新藥和偽藥的效果沒有差異，
　 在試驗中出現的差異只是「偶
　 然的結果」。

 偶……偶然的結果!?

就算新藥和偽藥的效果相同（＝效果沒有差異），也可能只是在新藥試驗時被選上的受試者當中，**碰巧有很多人症狀已有改善**。

也就是說，即使偽藥和新藥的效果沒有差異，還是會有碰巧出現結果差異的情況。

要這樣說的話，**世界上的所有事情**不就都會被**偶然**給帶過了嗎？

嘿嘿！這個時候！ 我們就可以用統計學來預估那個偶然有多大的機率會發生！

在「假設檢定」中，會利用常態分布的性質，計算出新藥和偽藥偶然產生差異的機率。

計算偶然發生的機率！？
統計也太可怕了吧……。

利用Ａ組Ｂ組的人數、到症狀改善的平均時間和標準差等數值進行計算的話，就能預估兩組在症狀改善的所需時間上會產生多少差異。

到症狀改善的時間差之機率分布，如下頁圖表所示。

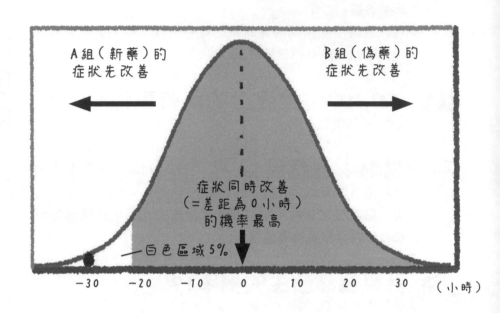

 這個圖是什麼意思呢？

 上圖顯示，如果**新藥和偽藥效果完全相同**的話，到症狀改善為止，A組和B組會產生**多少時間差**。

由於效果相同，到症狀改善為止沒有時間差（0小時）的機率會是最高的。

另一方面可知，到症狀改善為止的時間出現極大差距的機率也會變低。

結果，**分布呈現山的形狀**啊！

沒錯。由此圖可知，本次試驗結果「到症狀改善為止的時間差＝－30小時」，所發生的機率在**5%以下**。

還滿低的。

是的，這就意味**「如果假說②正確的話，本次試驗結果就會變成發生了機率5%以下的事情」**。然而，比起發生機率那麼小的事情，一般來說都會認為假說②不正確吧！
如同本次試驗，如果所導出的機率非常小，那就能捨棄假說②，改採用假說①了。
換句話說，這次到症狀改善的時間差，一般來說很難認為是碰巧發生的，所以才能評價為「新藥有效的可能性高」。

原來如此。
那機率大概要多少，才能說 **「不是偶然」** 呢？

這個基準需要評價新藥的當事者決定，根據情況基準也會有所差異。
比如說，在新藥的試驗中一般比較常用**「5%以下」**作為基準，但有時候也會使用**「1%以下」**作為更嚴格的基準。
像這樣的基準我們稱為**顯著水準**（significance level）。

但如果基準是5%的話，20次當中不就會有 1 次導出錯誤的結論嗎？

 是沒錯，**但這樣能自己事先控制做出錯誤結論的機率。**這就是**假設檢定重要的地方。**

在以5%以下為基準的新藥試驗中，明明實際上沒有效果卻導出「新藥有效」的結論也是很有可能的。而發生這個錯誤的機率就是5%。

 # 這個就是假設檢定啊！

如果A組和B組沒什麼差距，不在5%區域內的話，那就表示新藥和偽藥的差是偶然產生的，對吧！

 不是的，那有點不太一樣。

那種情形和剛才不同，明明新藥其實是有效的但卻導出「無效」結論的機率沒有受到控制。因此，在這種情況下沒辦法做出明確的結論，**最後的結果就會變成無法得知是否有效。**

 # 沒辦法清楚分辨……，感覺好含糊喔！

也許就像你說的那樣……。

順帶一提，假設檢定也經常被運用在**科學實驗**上喔！

2013年諾貝爾物理學獎得主，因發現一種名為**希格斯玻色子**（Higgs boson）的超微小粒子而獲獎。在確認希格斯玻色子是否存在的試驗中，使用**0.00003%**以下這個非常嚴謹的數值作為基準。

假設希格斯玻色子對實驗沒有影響的話，也就表示實驗結果發生偶然的機率小於0.0003%。

0.00003%！ 也太驚人了！

所以研究人員就因此確定希格斯玻色子確實存在啊！

我大概漸漸了解什麼是假設檢定，但又覺得好像沒有掌握得很好……。

那麼我再舉一個更簡單的例子，用**彈珠**來思考看看吧！

彈珠在第2節課登場過，對吧！

是的。在插圖的彈珠例子中，觀察 1 顆彈珠落下時，「彈珠撞到釘子後會往左或往右」，重複進行了12次後，才確定彈珠最後的位置。

如果放進很多顆彈珠，就會呈現出吊鐘形狀的分布 —— **常態分布**了。

沒錯，完全正確。
如果往右是「＋1」，往左是「－1」的話，由於彈珠往右前進和往左前進的次數會最容易相同，所以最後就會出現以 0 點為頂點的**常態分布**。而頂點的位置則會出現在彈珠落下入口的正下方。

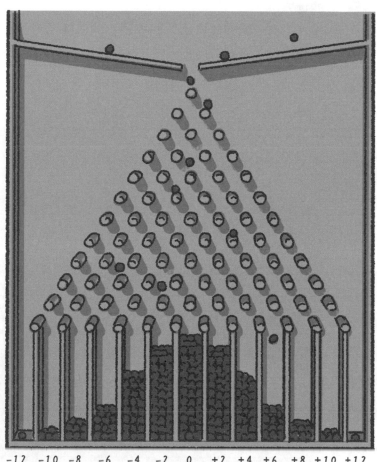

-12　-10　-8　　-6　　-4　　-2　　0　　+2　　+4　　+6　　+8　+10　+12

接下來思考看看像下圖這樣的彈珠台：除了增加釘子之外，並且從任何地方都可以放入彈珠（左下圖）。

接著遮住彈珠台的上半部，也就是只能看到彈珠最後掉落的地方。

現在，有一顆彈珠掉進「－12」的凹槽了（右下圖）。

你覺得投入彈珠的地方，在0點凹槽的正上方嗎？

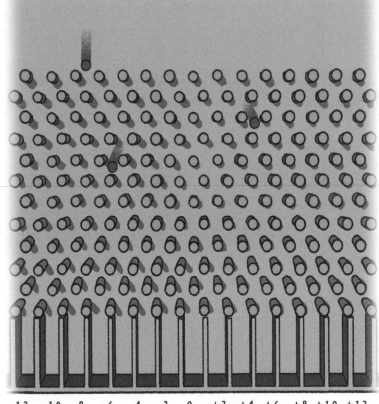

-12 -10 -8 -6 -4 -2 0 +2 +4 +6 +8 +10 +12

彈珠掉進去的地方非常偏左呢……。嗯……，就算是從0
點凹槽的正上方投入，也有可能掉進－12的凹槽，只有1
個結果應該沒有辦法判斷吧！

啊！ 投入更多彈珠的話，不就可以從頂點的位置推測
出投入彈珠的入口了嗎？

哇，你的想法不錯喔！
如果從第1顆彈珠投入的位置，持續投入彈珠的話，最後會
出現常態分布，那麼就可以從頂點的位置知道投入彈珠的
位置。然而這個做法就必須要準備大量的彈珠。

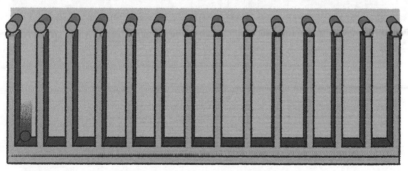

但是，除此之外還有其他方法可以知道投入彈珠的入口在哪嗎？

其實，只需1顆彈珠，就能**以機率方式推測**彈珠落下的位置。這個「以機率方式推測」是指**「雖然不能100%確切知道位置在哪，但如果命中率只要95%的話就能判斷」**。

只需1顆彈珠就可以判斷！？
要怎麼做呢？

首先假設「彈珠的投入口在0點凹槽的正上方」。那麼，彈珠最後落下地點的機率分布應該就會是以0點凹槽為中心的常態分布。

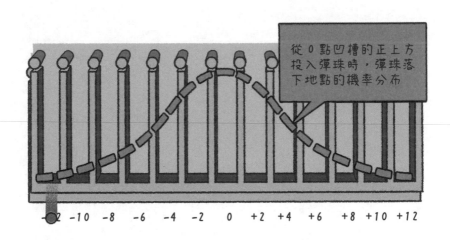

從0點凹槽的正上方投入彈珠時，彈珠落下地點的機率分布

投入口的正下方會出現頂點，對吧！

 是的，此時1顆彈珠**掉進「－12」凹槽的機率非常小，在5%以下。**

另一方面，如果投入口在負數這邊的話，那麼掉進「－12」凹槽的機率就會變得更高。

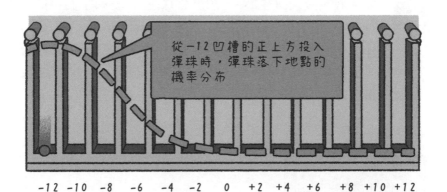

從－12凹槽的正上方投入彈珠時，彈珠落下地點的機率分布

-12 -10 -8 -6 -4 -2 0 +2 +4 +6 +8 +10 +12

 嗯嗯。

 換句話說，比起「從0點凹槽的正上方投入彈珠時，發生機率小於5%的罕見結果（彈珠掉進－12凹槽）」，**「彈珠投入口不在0點凹槽正上方（位在0點凹槽的左方）」的想法會更加合理。**

 的確是這樣！

因此，我們可以從 1 顆彈珠落下的地點，推測出「彈珠投入口有95%的機率不在 0 點凹槽的正上方」。

 原來是那麼回事啊！ 似乎有一點掌握到其中奧妙了！

不過，這次最後的落下地點是－12凹槽。那如果掉進更接近中間的凹槽時，也能夠順利推測出來嗎？比如說，掉進**－4凹槽**的話？

 如果假設投入口在0點，那麼彈珠落入「－4」凹槽的機率會約小於40%。也就是說，**這個結果是很常見的。** 投入口在 0 點的可能性相當高，因此結論就會是「從彈珠掉進－4凹槽的結果，無法推斷投入口是否 0 點凹槽上方」。

投入口在 0 點凹槽的正上方時，掉進－4凹槽是「很常見的結果」

-12 -10 -8   -6   -4   -2   0   +2   +4   +6   +8 +10 +12

剛剛因為結果是－12凹槽，所以才能推斷不是從0點凹槽的正上方投入的，對吧！

就是那麼一回事。
接下來，我們再來回頭看剛剛比較新藥和偽藥效果的情形吧！這個情形跟下面的例子很像。

「假設投入兩顆彈珠。只靠兩顆彈珠落下的位置，能不能判斷投入兩顆彈珠的位置是否相同呢？」

我不知道耶……。
這要從什麼方向思考才好呢？

假設新藥、偽藥＝兩顆彈珠，投入口＝藥的效果。如果兩顆彈珠落下的位置相近（新藥和偽藥的效果差異小），那麼就代表投入口（藥效）相同的可能性很高。

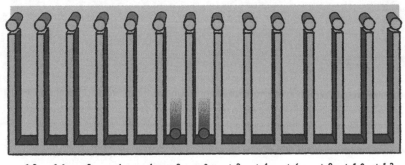

-12　-10　-8　　-6　　-4　　-2　　0　　+2　+4　　+6　　+8　+10　+12

啊！

 另一方面，如果兩顆彈珠落下的位置離得很遠（新藥和偽藥的效果差異大），那麼投入口（藥效）就不太可能相同。

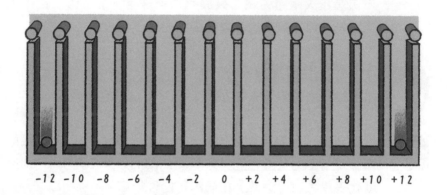

-12 -10 -8 -6 -4 -2 0 +2 +4 +6 +8 +10 +12

 ## 原來是這麼回事啊！

 新藥檢驗的情況和彈珠的例子，嚴格來說有各種差異。然而，就像右邊專欄寫的，進行假設檢定的基本步驟並沒有改變。

① 以假說作為基礎，假設機率分布的位置

→ 若從0點正上方投入彈珠的假說成立，就會出現以0點為頂點的機率分布

② 調查試驗結果在哪個位置

→ 在機率分布中，彈珠掉進-12凹槽的機率小於5%。

③ 推測是否能捨棄假說

→ 由於機率小，所以不採納從0點凹槽正上方投入彈珠的假說

這就是假設檢定的過程啊⋯⋯，**我大概了解了！**

在掌握住假設檢定的基本觀念後，我再繼續介紹實際的計算例子吧！

但在這裡希望大家注意，**假設檢定的做法會隨著問題的設定方式而完全不同。** 因此，並不需要記住在這裡介紹的計算方法。只要大概知道**能透過計算求出答案**就可以了！

好、好的！ 麻煩老師了。

那麼就開始囉！假設有一個如下方所示的虛構調查結果。

某罐飲料上標示著「果汁15%」。
挑選25罐為測試樣本，
測定果汁成分後得到以
下結果：
平均＝14.5%，
標準差＝2.3%。

那麼，這個飲料算是「和成分標示相同」嗎？

 哎呀，25罐的平均少了0.5%耶！**這是詐欺吧！**

 好的，請回想一下**假設檢定的觀念**！即使兩個群體的平均值有差異，也不一定「是在統計上有意義的差異」喔！這是因為有以下兩種可能性。

假說①：飲料沒有按照成分標示製造生產

假說②：飲料雖然按照成分標示製造，但碰巧大量選出果汁成分較低的品項，因此含量比成分標示低

 原來如此！ 為了要識破是有意義的差異，還是碰巧產生的差異，所以才需要假設檢定啊！

正是如此！

成分標示和測定出的平均值之間的差為

14.5% − 15% = −0.5%。

接著來判斷這個差距是否為有意義的差 —— 也就是顯著差異。這時重要的是能以下列算式求出 t 這個數值。而這個算式中出現的 s，就是調查的樣本**標準差**。

$$t = \frac{\text{差}}{\frac{s}{\sqrt{n-1}}}$$

t !? 那是什麼啊？

根據這次調查的樣本數25，可知 t 的機率分布如右頁所示的圖表。

如果飲料和成分標示相同（假說②正確），t 值應該有95%的機率在 $-2.06 \leq t \leq 2.06$ 的範圍內。

如果 t 值超出這個範圍，就能判斷在統計上有顯著的差異。這個判定規則稱為 **t 檢定**（t-test）。右圖所示的 t 值機率分布稱為 **t 分布**（t-distribution）。

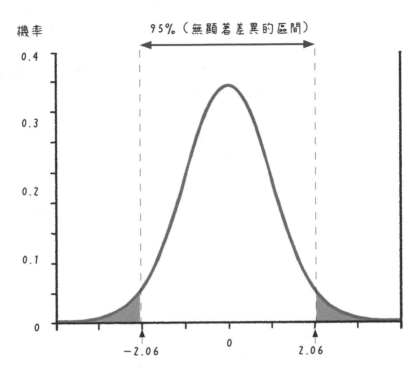

機率

95%（無顯著差異的區間）

 如果求出這次調查的 t 值，那結果會是什麼呢？

 一起來實際計算 t 值吧！

$$t = \frac{-0.5}{\frac{2.3}{\sqrt{24}}}$$

$$\approx -1.06$$

從上頁可知，t 值為 -1.06，剛好在 $-2.06 \leqq t \leqq 2.06$ 的範圍之內。

換句話說，我們可以判定 **-0.5%的差異有可能是碰巧發生，並不是顯著差異。**

喔喔喔！好難喔！

那假設調查的結果是果汁成分13.5%，又會怎樣呢？

和成分標示的差為 -1.5%，將這個數值代入剛才的算式看看吧！

$$t = \frac{-1.5}{\frac{2.3}{\sqrt{24}}}$$

$$\fallingdotseq -3.19$$

t 值為 -3.19，並不在 $-2.06 \leqq t \leqq 2.06$ 的範圍之內。因此，我們可以判斷這個差為顯著差異，飲料實際上偏離了成分標示。

原來如此！

到目前為止所介紹的假設檢定方法稱為「**t 檢定**」。

*t*檢定中出現的 *t* 分布，是由阿瑟健力士公司的工程師高斯特（William Gosset，1876～1937）在調查啤酒原料和品質的關係時所導出來的。

居然能想出這麼困難的理論，真的很厲害呢！

數據的數量較少時，在常態分布中計算平均值的機率時，誤差就會變大。
而即使是小群組也能使用的方法正是 *t* 檢定。*t* 檢定可說是以解決現實社會問題為原動力，進而使統計學發展的優良範例。

t 檢定是因應現實社會需求而誕生的啊！

那麼，在體驗完統計最後難關 ── 假設檢定的氛圍後，我們也要準備下課了

從收集各種數據開始，然後用一切的手法來驗證數據，就
能看見現實社會的「真實面貌」……。
統計真的很有趣呢！
我也學到統計正是為了正確判斷所有事物而不可或缺的
工具。

 看完這本書應該可以掌握一點統計的感覺了。
以後看報紙或新聞的觀點也會稍微轉變了吧！那麼，統計
的課就上到這裡，辛苦了！

 非常謝謝老師！

t 分布的創始人 **高斯特**

高斯特（1876～1937）是英國的統計學家兼釀造技師，他在阿瑟健力士公司任職時發表了「*t* 檢定」，是對統計學發展具有貢獻的人物。

1876年，高斯特出生於英國坎特柏立。在牛津大學新學院主修化學和數學，並於1899年進入阿瑟健力士公司的都柏林釀酒廠就職。高斯特在調查原料和最終產品品質的關係時，運用了統計的方法。

用筆名發表論文

1906年，高斯特為了研究而向公司請假，開始在英國統計學家卡爾森（Karl Pearson，1857～1936）的指導下學習。高斯特致力於研究少量數據也能使用的統計方法。當時在釀酒廠的工作，需要從少量數據來推測結果。然而在當時的統計學中，由於在數據較少的情況下，其分布難以視為常態分布，因此無法順利處理。

1908年，高斯特發表了以「平均值的可能誤差」（*The Probable Error of a Mean*）為標題的論文。這個正是第一個出現「*t* 檢定」概念的論文，其內容顯示了在少量數據時也能以統計方法進行推測。

直到今日，*t* 檢定也被稱為「司徒頓的 *t* 檢定」（Student's t test）。司徒頓是高斯特的筆名。由於阿瑟健力士公司禁止員工發表論文，因此高斯特不用本名，而是用筆名發表了論文。

使 *t* 檢定發展的費雪

　　發表論文當時，一般都是使用大量樣本的統計方法，因此高斯特的論文並沒有受到太大矚目。不過英國統計學家費雪（Ronald Fisher，1890～1962）注意到了 *t* 檢定的重要性。費雪以數學證明了 *t* 檢定，使 *t* 檢定更加發展。開始使用符號 *t* 的也是費雪。就這樣，*t* 檢定在統計學中便成為了非常重要的方法。

　　高斯特一生都為阿瑟健力士公司效勞，最後當上了倫敦釀酒所的所長。然而，據說阿瑟健力士公司是在高斯特死後，才發現了高斯特的筆名。

統計的重要公式集

平均值

有 n 個數據時，將數據全部合計後再除以 n 的數值稱為「平均值」（也稱為算術平均數）。

$$平均值 = \frac{數據_1 + 數據_2 + \cdots + 數據_n}{n}$$

變異數、標準差、偏差值

有 n 個數據時，將每個偏差（和平均值的差距）平方後合計，再除以 n 的數值稱為「變異數」。是顯示數據分散程度的特徵值。

$$變異數 = \frac{(數據_1 - 平均)^2 + (數據_2 - 平均)^2 + \cdots + (數據_n - 平均)^2}{n}$$

變異數的平方根稱為「標準差」。標準差也時常會被用來當作顯示數據分散程度的特徵值。

$$標準差 = \sqrt{變異數}$$

偏差值是用來顯示某個數據，大約在全體當中哪個位置的基準。

$$偏差值 = \frac{數據 - 平均}{標準差} \times 10 + 50$$

共變異數和相關係數

各數據的 x 偏差和 y 偏差的乘積之平均稱為「共變異數」。

共變異數＝{(數據$_1$的 x 座標偏差)×(數據$_1$的 y 座標偏差)

+(數據$_2$的 x 座標偏差)×(數據$_2$的 y 座標偏差)

⋮

+(數據$_n$的 x 座標偏差)×(數據$_n$的 y 座標偏差)}

$\times \dfrac{1}{n}$

相關係數是介於－1和1之間的數值。數值越接近1表示正相關越強，越接近－1則是負相關較強。

$$相關係數 = \frac{共變異數}{x 的標準差 \times y 的標準差}$$

抽樣誤差

在樣本調查中，由於樣本的抽選方式有可能產生偏倚，因此一定會伴隨著誤差。這個誤差稱為「抽樣誤差」。

$$信賴度95\%的抽樣誤差 = \pm 1.96 \times \sqrt{\frac{p\,(1-p)}{n}}$$

把樣本數當作 n，像收視率或支持率一樣透過調查所知的比例當作 p。

索引

化學 **化學／週期表**

學習必備！基礎化學知識

　　化學是闡明物質構造與性質的學問。其研究成果在生活周遭隨處可見，舉凡每天都在使用的手機、商品的塑膠袋乃至於藥品，都潛藏著化學原理。

　　這些物質的特性又與元素息息相關，該如何應用得宜還得仰賴各種實驗與科學知識，掌握週期表更是重要。由化學建立的世界尚有很多值得探究的有趣之處。

數 學 **虛數／三角函數**

打破理解障礙，提高解題效率

　　虛數雖然是抽象觀念，但是在量子世界想要觀測微觀世界，就要用到虛數計算，在天文領域也會討論到虛數時間，可見學習虛數有其重要性。

　　三角函數或許令許多學生頭痛不已，卻是數學的基礎而且應用很廣，從測量土地、建置無障礙坡道到「波」的概念，都與之有關。能愉快學習三角函數，就比較可能跟數學發展出正向關係。

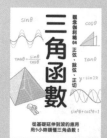

物理 物理／相對論 量子論／超弦理論

掌握學習方法，關鍵精華整理

　　物理是探索自然界規則的學問。例如搭公車時因為煞車而前傾，就是「慣性定律」造成的現象。物理與生活息息相關，了解物理，觀看世界的眼光便會有所不同，亦能為日常平添更多樂趣。

　　相對論是時間、空間相關的革命性理論，也是現代物理學的重要基礎。不僅可以用來解釋許多物理現象，也能藉由計算來探討更加深奧的問題。

　　量子論發展至今近百年，深刻影響了眾多領域的發展，從電晶體、半導體，一直到量子化學、量子光學、量子計算……對高科技領域感興趣，就要具備對量子論的基本理解與素養。

　　相對論與量子論是20世紀物理學的重大革命，前者為宏觀、後者是微觀，但兩大理論同時使用會出現矛盾，於是就誕生了超弦理論 —— 或許可以解決宇宙萬物一切現象的終極理論。

東大教授親自傳授
文組輕鬆學統計

作者／日本Newton Press
翻譯／林園芝
編輯／林庭安
發行人／周元白
出版者／人人出版股份有限公司
地址／231028 新北市新店區寶橋路235巷6弄6號7樓
電話／（02）2918-3366（代表號）
傳真／（02）2914-0000
網址／www.jjp.com.tw
郵政劃撥帳號／16402311 人人出版股份有限公司
製版印刷／長城製版印刷股份有限公司
電話／（02）2918-3366（代表號）
經銷商／聯合發行股份有限公司
電話／（02）2917-8022
香港經銷商／一代匯集
電話／（852）2783-8102
第一版第一刷／2023年2月
定價／新台幣380元
　　　港幣127元

國家圖書館出版品預行編目（CIP）資料

東大教授親自傳授 文組輕鬆學統計
日本Newton Press作；林園芝翻譯. -- 第一版. --
新北市：人人出版股份有限公司, 2023.02
面；公分.
ISBN 978-986-461-322-9（平裝）
1.CST：統計學

510　　　　　　　　　　　　111022009

TOKYODAIGAKU NO SENSEI DENJU
BUNKEI NO TAME NO METCHA
YASASHII TOKEI
© Newton Press 2021
Chinese translation rights in complex
characters arranged with Newton Press
through Japan UNI Agency, Inc., Tokyo
www.newtonpress.co.jp

Staff

Editorial Management	木村直之
Editorial Staff	井上達彦，宮川万穂
Cover Design	岩本陽一

Illustration

表紙カバー	松井久美	97	Newton Press	200~207	松井久美
表紙	松井久美	99	松井久美	208	Newton Press
生徒と先生	松井久美	100~103	Newton Press	209	松井久美
4~5	松井久美	104~109	松井久美	210~211	Newton Press
6~7	Newton Press	110~115	Newton Press	213	Newton Press, 松井久美
8~11	松井久美	116~119	松井久美	215~217	松井久美
13~17	Newton Press	121~130	松井久美	218	Newton Press
19~25	松井久美	132~142	Newton Press	221~227	松井久美
26~30	Newton Press	143~151	松井久美	229~233	松井久美
34~35	松井久美	153~155	Newton Press	236~238	Newton Press
36	Newton Press	156	松井久美	244	Newton Press
37	松井久美	157	Newton Press	245	松井久美
38	Newton Press	158	松井久美	246~251	Newton Press
40~41	Newton Press	159	Newton Press	254	松井久美
43~45	松井久美	161	松井久美	257~259	Newton Press
47~49	Newton Press	162~163	Newton Press	261~269	松井久美
51	松井久美	164~165	松井久美	271~274	Newton Press
53~63	Newton Press	169	Newton Press	277	松井久美
65~69	松井久美	173~175	松井久美	279	Newton Press
71~80	Newton Press	177	Newton Press, 松井久美	280~297	松井久美
83~88	松井久美	178~179	Newton Press	302~303	Newton Press, 松井久美
90-90	Newton Press	181~196	松井久美		
93~95	松井久美	198~199	Newton Press		